www.entdecke.c

Entdecke Skorpione & Co

Kriton Kunz

Die in diesem Buch enthaltenen Angaben wurden vom Autor nach bestem Wissen erstellt und sorgfältig überprüft. Da inhaltliche Fehler trotzdem nicht völlig auszuschließen sind, erfolgen diese Angaben ohne jegliche Verpflichtung des Verlages oder des Autors. Beide übernehmen keine Haftung für etwaige inhaltliche Unrichtigkeiten. Alle Rechte, insbesondere das Recht der Vervielfältigung und Verbreitung sowie der Übersetzung sind vorbehalten. Kein Teil des Werkes darf in irgendeiner Form (Druck, Fotokopie, Mikrofilm oder andere Verfahren) ohne schriftliche Genehmigung des Verlages reproduziert oder unter Verwendung elektronischer Systeme verarbeitet, gespeichert oder vervielfältigt werden.

ISBN: 978-3-86659-471-5 2. Auflage 2023

© 2021 Natur und Tier - Verlag GmbH
An der Kleimannbrücke 39/41
48157 Münster
Tel.: 0251-13339-0, Fax: 0251-13339-33
E-Mail: verlag@ms-verlag.de

Home: www.ms-verlag.de
Geschäftsführung: Matthias Schmidt
Layout: Isabell Büchter
Lektorat u. Bildredaktion: Kriton Kunz
Druck: Drusala, Frýdek-Místek

Titelbild: mauritius images: Andrea Battisti / Alamy
Rückseite: shutterstock: MH STOCK
Vorsatz: shutterstock: Guillermo Guerao Serra

mauritius images
S.2/3: Fabian von Poser / imageBROKER
S.4 oben: Minden Pictures / Paul Bertner
S.6 oben: Minden Pictures / Paul Bertner
S.7 unten: Minden Pictures / Paul Bertner
S.9 oben: Peter Atkinson / Alamy
S.10 oben: Blickwinkel / Alamy
S.11 unten: Domiciano Pablo Romero Franco / Alamy
S.14/15: Rolf Nussbaumer Photography / Alamy
S.14 oben: Axiom RF / Robert Postma
S.14 unten: Ephotocorp / Alamy
S.18: Fabio Pupin/FLPA / imageBROKER
S.20/21: Minden Pictures / Tom Vezo
S.23 unten: Minden Pictures / Michael & Patricia Fogden
S.24/25: Thomas Dressler / imageBROKER
S.24 unten links: Dennis Thompson / Alamy
S.24 unten rechts: David Cantrille / Alamy
S.31 oben: Agustin Esmoris
S.35 oben: Minden Pictures / Piotr Naskrecki
S.35 unten: FLPA / Alamy
S.36 unten: Minden Pictures / Piotr Naskrecki
S.38 unten: Ephotocorp / Alamy
S.41: FLPA / Alamy
S.47 oben: nature picture library / Phil Savoie
S.48 oben: Dorling Kindersley ltd / Alamy
S.49 oben links: nature picture library / Alex Hyde
S.49 Mitte links: age fotostock / P&R Fotos
S.49 oben rechts: FLPA / Alamy
S.51 oben: Daniel Borzynski / Alamy
S.51 Mitte: Ernest Cooper / Alamy
S.52/53: Stefan Sassenrath
S.54: Blickwinkel / Alamy
S.54 oben: Blickwinkel / Alamy
S.54 Mitte: Blickwinkel / Alamy
S.55: Blickwinkel / Alamy
S.56 oben: Minden Pictures / Albert Lleal
S.56 Mitte: Andrew Newman Nature Pictures / Alamy
S.57 Mitte: RooM the Agency / Alamy
S.59 oben: Stock Connection Blue / Alamy
S.60 oben links: Minden Pictures / Mark Moffett
S.61 oben: Blickwinkel / Alamy

shutterstock
S.4 unten: Uno_Mas_Bajo_El_Sol
S.5 unten: Zety Akhzar
S.6 unten: Cosmin Manci
S.7 oben links: Elizaveta Galitckaia
S.7 oben rechts: Natalya Chernyavskaya
S.8 oben: Eric Isselee
S.8 unten: SIMON SHIM
S.9 Mitte: Geoff Sperring
S.11 oben rechts: Kirsanov Valeriy Vladimirovich
S.12 oben: Pataporn Kuanui
S.12 unten: gan chaonan
S.14 Mitte: Pong Wira
S.16/17: Jacobo Quero
S.16 unten: Love Lego
S-19: Dave Denby Photography
S.23 oben: Ernie Cooper
S.23 Mitte: Ian Scammell
S.25 unten: Vova Shevchuk
S.26 unten: Protasov AN
S.27 oben: Tobias Hauke
S.27 unten links: Braam Collins
S.27 unten rechts: Ernie Cooper
S.28 oben: sureerat chuarchoom
S.28 unten links: RHJPhtotoandilustration
S.28 unten rechts: RHJPhtotoandilustration
S.29 unten: Pedro Luna
S.30 oben: RealityImages
S.30 unten: Guillermo Guerao Serra
S.31 unten: Indonesia
S.31 Mitte: Mitch Kinvig
S.34: zaidi razak
S.36 oben (2x): I Wayan Sumatika
S.37 oben: Chris Tefme
S.37 unten: somratana
S.38 oben: I Wayan Sumatika
S.39 oben: Eric Isselee
S.40: ketkata leejungphemphoon
S.42: Jacek Chabraszewski
S.43 Mitte: Martial Red
S.43 unten: PetlinDmitry
S.44/45: sripfoto
S.44 Mitte: Jazziel
S.44 unten: Viacheslav Lopatin
S.45 oben: AndreyO
S.46: Juan Gaertner
S.47 unten: barmalini
S.48 unten: Eric Isselee
S.50 oben: Atul Haldankar
S.50 unten: Creeping Things
S.51 unten: Uno_Mas_Bajo_El_Sol
S.53 oben: Pedro Bernardo
S.53 Mitte: Ernie Cooper
S.56 unten: Jeff Kingma
S.57 oben: Quang nguyen vinh
S.57 unten: Dmitry Abezgauz
S.58/59: Conny Skogberg
S.58 Mitte: Gallinago_media
S.58 unten: SIMON SHIM
S.60 unten: Jurik Peter
S.61 unten: Rainer Fuhrmann
S.63: Eric Isselee
S.64 oben: Protasov AN
S.64 unten: APChanel

NPL
S.1: Solvin Zankl
S.51 oben rechts: MYN / Gil Wizen

Sonstige S.12 Mitte (Lupe):
V. Vignoli & L. Prendini; aus: Vignoli, V. & Prendini, L. 2009: Systematic revision of the troglomorphic scorpion family Typhlochactidae (Scorpiones: Chactoidea). Bulletin of the American Museum of Natural History 326: 1–94.
Prendini, L., Francke, O.F. & Vignoli, V. 2010: Troglomorphism, trichobothriotaxy and typhlochactid phylogeny (Scorpiones, Chactoidea): More evidence that troglobitism is not an evolutionary dead-end. Cladistics 26: 117–142.

Ricardo Pinto da Rocha
S.5 oben

Kriton Kunz
S.11 oben links, S.13 unten, S.21 Mitte, S.22, S.32/33 (alle), S.49 unten, S.60 oben rechts, S.62

Dieter Mahsberg
S.39 unten (2x)

Inhaltsverzeichnis

Mit langen Stacheln an ihren Fangwerkzeugen ist diese Geißelspinne ausgestattet

Willkommen in der Welt der Skorpione und anderer Spinnentiere!

Spinnentiere zählen zu den spannendsten Lebewesen überhaupt! Sie haben völlig verschiedene Lebensweisen entwickelt, sind an unterschiedlichste Umweltbedingungen angepasst und besitzen erstaunliche Fähigkeiten. Teils verblüffen sie durch ihre sensationellen Tarnkünste, teils durch leuchtende Farben. Sehr viele Spinnentiere ernähren sich von anderen Tieren. Um ihre Beute zu fangen, wenden sie raffinierte Techniken an.

Völlig harmlos

Die allermeisten Spinnentiere sehen zwar auf den ersten Blick etwas gruselig aus, sind aber völlig harmlos. Dazu zählen beispielsweise Geißelspinnen wie diese hier auf dem Foto. Es bereitet viel Freude, solche Tiere im Terrarium zu pflegen und zu beobachten!

Leuchtende Farben zeigt dieser Weberknecht

Lange vor den Dinos!

Die frühesten Spinnentiere, von denen Forscher Versteinerungen (Fossilien) fanden, waren Skorpione und lebten vor rund 435 Millionen Jahren. Das ist ein beinahe unvorstellbarer Zeitraum. Zum Vergleich: *Tyrannosaurus rex* stapfte vor rund 67 Millionen Jahren über die Erde, uns Menschen gibt es erst seit etwa 300 000 Jahren.

Dass die Spinnentiere hunderte Millionen Jahre bis heute überlebt haben, zeigt Dir, wie anpassungsfähig und erfolgreich sie sind!

In der „Entdecke“-Reihe haben die schlaue Eule Xabi und ich bereits einen Band nur über Spinnen geschrieben. Wenn Du Dich also besonders für diese Tiere interessierst, kannst Du darin alles Wissenswerte nachlesen. In diesem Band hier, den Du gerade in den Händen hältst, wollen wir daher nicht mehr über Spinnen sprechen, sondern über all die fantastischen anderen Spinnentiere, die es auf unserem Planeten gibt, vor allem die Skorpione. Komm also mit auf eine spannende Reise durch die Welt von Skorpion & Co!

Spinnen wie diese neugierige Springspinne sind die bekanntesten Spinnentiere – ihnen verdankt diese Tiergruppe ihren Namen

Manche Milben sind wunderschön gefärbt

Jede Menge Spinnentiere

Spinnentiere sind eine riesige Tiergruppe. Über 100 000 Arten kennen Wissenschaftler bereits, und jedes Jahr entdecken sie viele weitere. Sie glauben deshalb, dass es mehr als eine Million Arten geben könnte! Zoologen, also Tierforscher, zählen zu den Spinnentieren die folgenden Gruppen:

- **Webspinnen** – das sind die „normalen" Spinnen, um die es in diesem Band nicht mehr geht
- **Skorpione**
- **Milben** dazu gehören auch die Zecken
- **Geißelspinnen**
- **Geißelskorpione**
- **Weberknechte**
- **Tasterläufer**
- **Kapuzenspinnen**
- **Walzenspinnen**
- **Pseudoskorpione**

Pseudoskorpione ähneln Skorpionen, sind aber winzig klein. Und ihnen fehlt der „Schwanz" mit dem Giftstachel.

Spinnentiere – oder doch keine?

Seit einer Untersuchung im Jahr 2019 sind zumindest manche Wissenschaftler davon überzeugt, dass auch die Pfeilschwanzkrebse zu den Spinnentieren zählen. Zuvor hatten diese im Meer lebenden Tiere als etwas weiter entfernte Verwandte gegolten. Aber noch sind nicht alle Forscher sicher, dass es wirklich Spinnentiere sind.

Die vier Arten dieser Tiergruppe leben im flachen Wasser tropischer Meere in Amerika und Asien. Dort ernähren sie sich am Boden räuberisch oder von Aas, also toten Tieren. Sie können über 80 Zentimeter lang werden. Trotz ihres Namens sind es keine Krebse, sondern wie gesagt entweder Spinnentiere oder zumindest nahe Verwandte.

All diese sogenannten Tierordnungen sind sehr eng miteinander verwandt. Das bedeutet: Vor Urzeiten besaßen sie einen gemeinsam Vorfahren, von dem sie alle abstammen. Darum besitzen sie viele gemeinsame Merkmale – einige davon werden wir uns gleich genauer anschauen.

Wie Insekten, Krebstiere und Tausendfüßer besitzen auch Spinnentiere keine Knochen, sondern ein Außenskelett. Bei Krebsen besteht dieses vor allem aus Kalk, bei den übrigen genannten Tiergruppen aus Chitin. Es umhüllt sie sozusagen wie eine Ritterrüstung. Das Außenskelett kann sehr fest sein, an manchen Körperteilen aber auch weicher.

Milben sind meist winzig klein – hast Du die orangefarbene Milbe entdeckt, die auf dem Käfer reitet?

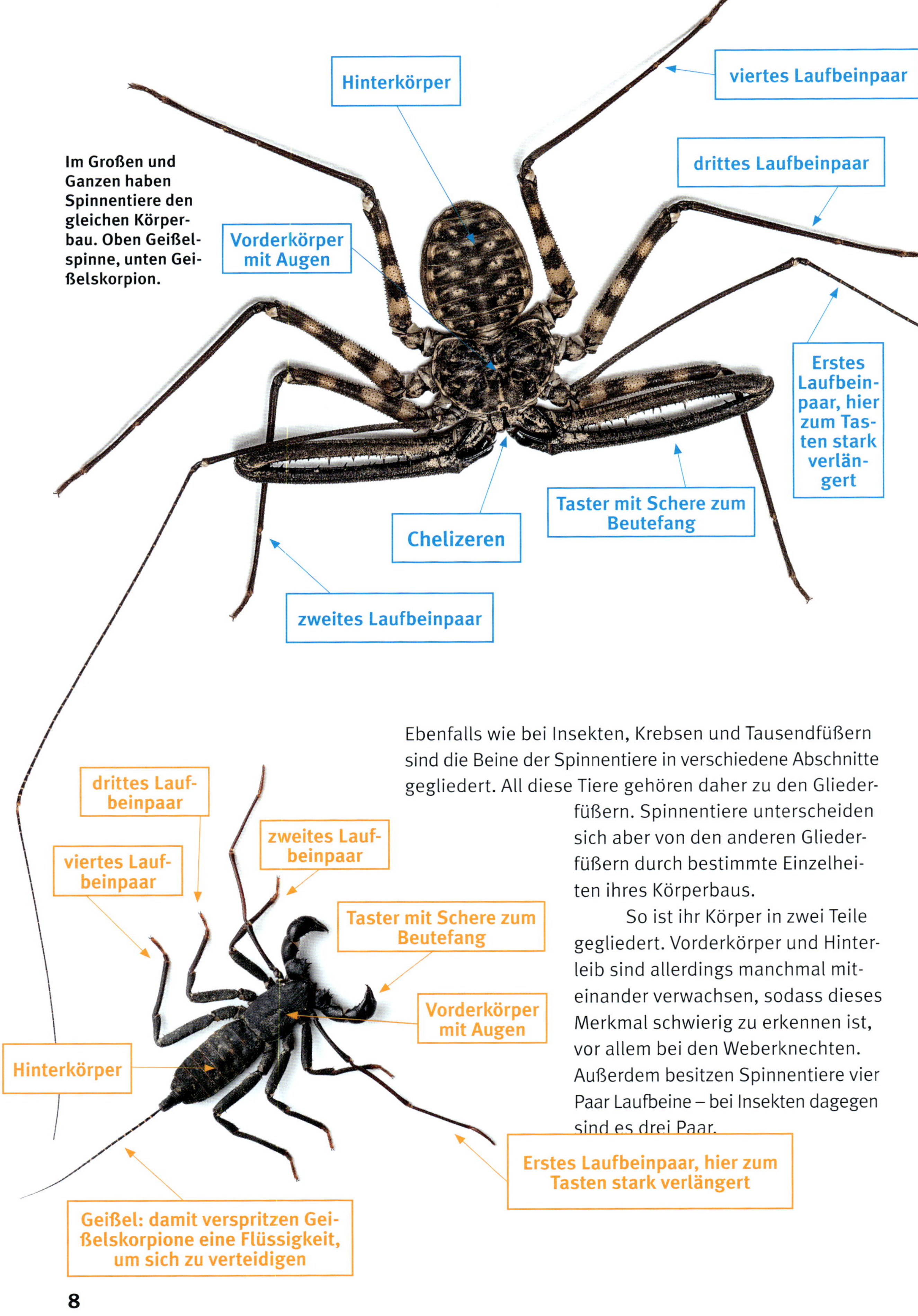

Im Großen und Ganzen haben Spinnentiere den gleichen Körperbau. Oben Geißelspinne, unten Geißelskorpion.

Ebenfalls wie bei Insekten, Krebsen und Tausendfüßern sind die Beine der Spinnentiere in verschiedene Abschnitte gegliedert. All diese Tiere gehören daher zu den Gliederfüßern. Spinnentiere unterscheiden sich aber von den anderen Gliederfüßern durch bestimmte Einzelheiten ihres Körperbaus.

So ist ihr Körper in zwei Teile gegliedert. Vorderkörper und Hinterleib sind allerdings manchmal miteinander verwachsen, sodass dieses Merkmal schwierig zu erkennen ist, vor allem bei den Weberknechten. Außerdem besitzen Spinnentiere vier Paar Laufbeine – bei Insekten dagegen sind es drei Paar.

Vorn am Kopf entspringt bei allen Spinnentieren ein Paar Gliedmaßen, das zu Mundwerkzeugen umgebildet ist. Man nennt sie Kieferklauen oder auch Chelizeren.

Andere Gliederfüßer wie Insekten und Krebse besitzen Antennen, auch Fühler genannt. Solche Antennen suchst Du bei Spinnentieren zwar vergebens. Bei ihnen können aber die Taster die Rolle von Fühlern übernehmen. Taster heißt das erste Paar Gliedmaßen vor den Laufbeinen. Beispielsweise bei Geißelspinnen und Geißelskorpionen dagegen erfüllt das erste Paar Laufbeine die entsprechende Funktion von Fühlern, bei Kapuzenspinnen vor allem das zweite Paar Laufbeine.

Neben all diesen Gemeinsamkeiten besitzt jede Gruppe der Spinnentiere jedoch auch einzigartige Merkmale, die den anderen fehlen. Welche das sind, zeigen Dir das schlaue Eulchen Xabi und ich Dir im weiteren Verlauf dieses Buches.

Obwohl die Pseudskorpione Scheren besitzen wie die Skorpione, ...

... sind sie viel näher mit den Walzenspinnen verwandt. Wenn Du den Körperbau der beiden Tiere vergleichst, erkennst Du bestimmt die Gemeinsamkeiten!

Wissenschaftliche Namen

Auf der Welt gibt es so viele Lebewesen und so viele verschiedene Sprachen – wie soll da beispielsweise jemand in Deutschland verstehen, welche Art genau ein Chinese meint und umgekehrt? Zumal für den Großteil aller Arten nicht einmal Namen in den Sprachen der jeweiligen Völker existieren.
Biologen, also diejenigen Wissenschaftler, die Lebewesen erforschen, haben sich daher einen genialen Trick einfallen lassen: Sie bezeichnen jedes Lebewesen mit einem zweiteiligen Namen, der latinisiert ist, also sozusagen ins Lateinische übertragen. Der erste Name wird immer groß geschrieben, der zweite klein. Und beide kursiv, also schräg. Du kennst das sicher von Dinosauriern wie *Tyrannosaurus rex*. Diese wissenschaftlichen Namen sind auf der ganzen Welt gleich. So weiß beispielsweise ein afrikanischer Wissenschaftler ebenso gut wie ein australischer, dass *Leiurus quinquestriatus* der Gelbe Mittelskorpion ist oder *Ixodes ricinus* eine Zeckenart, nämlich der Gemeine Holzbock.

Gepanzerte Ritter mit Scheren und Giftstachel:
Skorpione

Skorpione sind beeindruckende, wehrhafte Tiere!

Skorpione waren die ersten Spinnentiere, die sich vor Urzeiten auf der Erde entwickelten. Die frühesten Skorpione vor über 400 Millionen Jahren lebten wohl noch im Wasser oder in der Uferzone. Erst später passten sie sich an ein Leben an Land an.

Grob gesagt ist der Körper der Skorpione zweigeteilt, nämlich in Vorderkörper und Hinterleib. Am Vorderkörper, ganz vorn am Kopf, sitzen die scherenartigen Kieferklauen oder Chelizeren. Das sind Mundwerkzeuge, mit denen die Tier ihre Beute zerkleinern. Unten am Vorderkörper kommen als erstes Paar Gliedmaßen die Taster: Am Ende der Taster entspringen die eigentlichen Skorpionsscheren. Sie sind wie Zangen gebaut. Die Taster der Skorpione sind also sozusagen Greifarme. Auf sie folgen die vier Paar Laufbeine.

Blaublütig

Unser menschliches Blut enthält Eisen – das verleiht ihm die rote Farbe. Das Blut der Skorpione und anderer Spinnentiere wird Hämolymphe genannt. Es ist aber nicht rot, sondern meist bläulich. Statt Eisen ist darin nämlich Kupfer vorhanden. Auch Kupferdächer werden mit der Zeit bläulich grün.

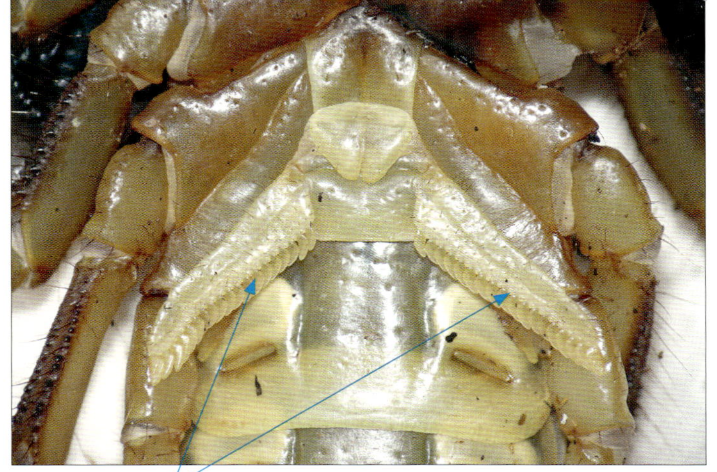

Das Kammorgan am Unterkörper ist ein sehr effektives Sinnesorgan

Was ist denn das für ein merkwürdiges Tier? Hier siehst Du eine Skorpionsfliege, also kein Spinnentier, sondern ein Insekt. Skorpionsfliegen leben auch bei uns in Mitteleuropa. Ihren Namen bekamen sie, weil ihr Hinterleib dem eines Skorpions ähnelt. Was allerdings wie ein Stachel aussieht, ist gar keiner – diese Fliegen sind völlig harmlos!

Der Hinterleib ist in Abschnitte gegliedert, sogenannte Segmente. Die ersten davon sind ziemlich breit. An ihrer Unterseite liegen unter anderem die Eingänge zu den Fächerlungen, mit denen das Tier atmet. Aber auch noch etwas ganz Besonderes kannst Du hier entdecken: das Kammorgan. Wozu es dient, verraten die schlaue Eule Xabi und ich Dir später, hab noch etwas Geduld!

Die letzten fünf Segmente sind sehr schmal gebaut, sodass sie wie ein Schwanz wirken. Das allerletzte Segment trägt eine Giftblase und den Stachel. Damit können Skorpione ihrer Beute oder einem Feind ihr Gift einspritzen.

Aus der blasenartig verdickten Giftblase kann der Skorpion sein Gift mithilfe des Stachels in die Beute oder einen Angreifer spritzen

Etliche Skorpionarten werden beeindruckend groß!

Die Größten und die Kleinsten

Der wohl kleinste Skorpion der Welt ist *Typhlochactas mitchelli*. Er besitzt keine Augen, denn er lebt tief in Höhlen Mexikos. Ausgewachsene Tiere dieser Art werden nicht einmal einen Zentimeter lang! Du siehst einen dieser Winzlinge unten und zusätzlich unter der Lupe. Als größte Art der Welt gilt der Kaiserskorpion aus West- und Zentralafrika, den Du unten links auf dem Foto siehst. Er kann vom Vorderrand des Vorderkörpers bis zum Ende des Giftstachels bis zu 20 Zentimeter Länge erreichen. Weitere große Arten sind der Rötliche Spaltenskorpion aus dem Süden Afrikas und der Asiatische Riesenskorpion aus Indien und Sri Lanka.
Das ist aber nichts im Vergleich zu ausgestorbenen Arten wie *Brontoscorpio anglicus*. Zoologen schätzen, dass sie über 90 Zentimeter erreichen konnten!

Weltweite Verbreitung

Skorpione haben es geschafft, fast die ganze Welt zu erobern. Wie alle Gliederfüßer sind sie wechselwarm. Das bedeutet, sie können nicht wie Säugetiere oder Vögel selbst Körperwärme erzeugen. Skorpione sind also darauf angewiesen, dass ihre Umgebung warm ist. Darum fehlen sie in der kalten Antarktis sowie in den kältesten Zonen der Nordhalbkugel der Erde. Ihre größte Vielfalt erreichen Skorpione in den warmen Regionen der Tropen und Subtropen.

Auf einigen Inseln wie Neuseeland, Japan oder Großbritannien gab es ursprünglich keine Skorpione, aber auf manche davon wurden sie versehentlich vom Menschen eingeschleppt, zum Beispiel mit Früchten.

Skorpione leben überall in den warmen Regionen der Welt – diese Zone ist hier markiert

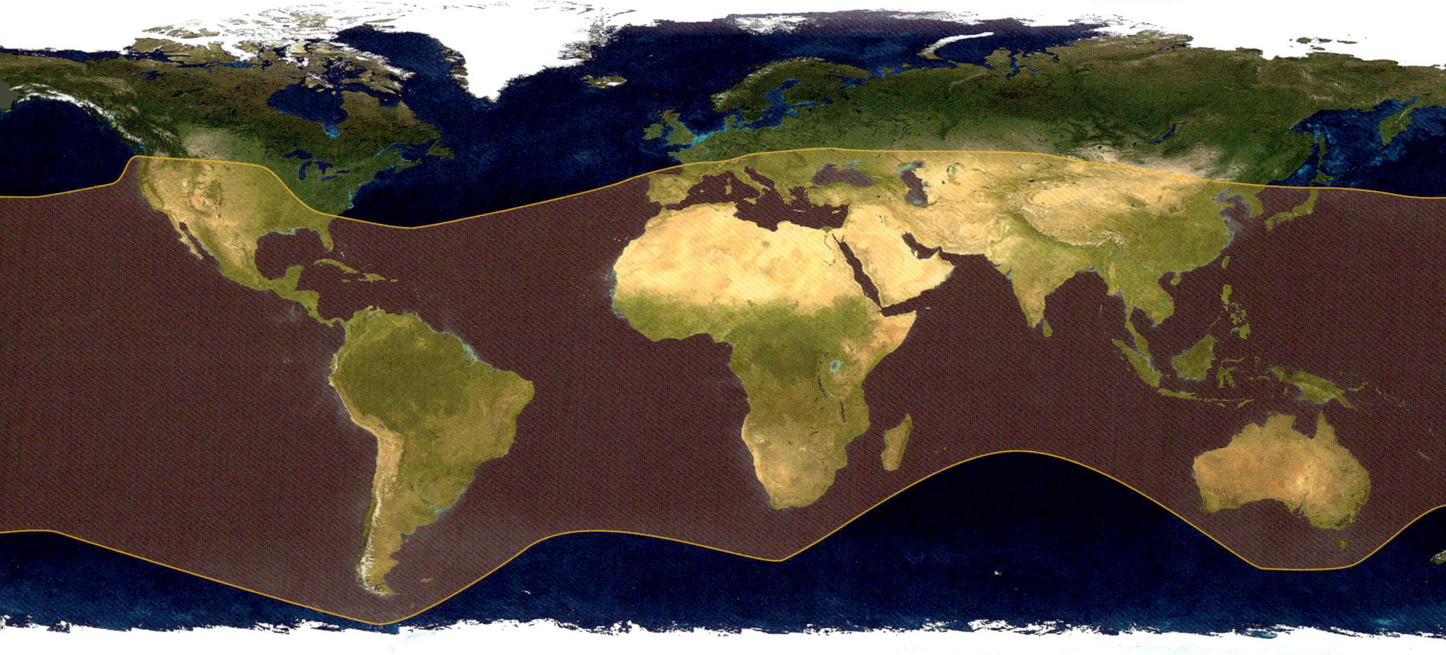

Skorpione vor unserer Haustür

In Deutschland gibt es in der Natur keine Skorpione. In der Schweiz und in Österreich leben jedoch je drei Arten, vor allem im Alpenraum. In der Schweiz zu Hause sind der Italienische Skorpion, der sehr ähnliche Alpha-Skorpion und der Alpenskorpion. Österreich ist Heimat des Triestiner Skorpions, den Du auf dem Foto siehst, des Gamma-Skorpions und ebenfalls des Alpenskorpions. Keine dieser kleinen Arten ist für den Menschen gefährlich. Ihr Stich schmerzt nur etwa wie der einer Wespe.

Wüsten sind der Lebensraum etlicher Skorpione

Viele Skorpione bewohnen Spalten oder graben sich Röhren

Rindenbewohner sind sehr flach gebaut, damit sie sich unter Baumrinde verstecken können

Verschiedenste Lebensräume

Ist ihr gigantisches Verbreitungsgebiet schon wirklich beeindruckend, so ist fast noch erstaunlicher, dass Skorpione die verschiedensten Lebensräume für sich erschließen konnten. So findest Du sie je nach Art im dauerfeuchten Regenwald oder in trockenen, heißen Wüsten, in Savannen, bis zu 5 500 Meter hoch im kalten Himalaya-Gebirge und tief in der Ebene am Meeresstrand, am Ufer von Flüssen oder eines Salzsees in Australien, auf Bäumen, auf dem Boden oder darin, ja sogar unterirdisch in Höhlen. Nur im Wasser leben heute keine Skorpione mehr.

Manche Arten besiedeln in ihrem Verbreitungsgebiet alle möglichen Lebensräume. Andere sind Spezialisten, die beispielsweise nur auf Sand, in felsigem Gebiet oder unter Baumrinde vorkommen. Ein einziger Baum in der afrikanischen Wüste Namib kann Heimat von bis zu 80 Skorpionen sein!

Oft lässt sich schon am Körperbau erkennen, welchen Lebensraum ein Skorpion bewohnt. Beispielsweise sind solche Arten, die ihre Verstecke in Felsspalten oder unter Rinde haben, sehr flach gebaut, damit sie gut hineinpassen.

Seine Scheren kann ein Skorpion für ganz verschiedene Zwecke einsetzen. Manche Arten graben sich damit Mulden beispielsweise unter einem Stein, einem gefallenen Baumstamm oder am Fuß eines kleinen Buschs. Dort verstecken sie sich tagsüber, denn Skorpione sind frühestens ab der Dämmerung aktiv.

Andere heben regelrechte Höhlen oder sogar Tunnelsysteme aus. Rekordhalter dürften hier *Hadrurus*-Skorpione aus Nordamerika sein. Sie treiben ihre Gänge bis zu zwei Meter tief in den Boden! Während es auf der Oberfläche schon mal 45 bis 50 Grad Celsius heiß sein kann, ist es in der Tiefe der Baue nur noch angenehm warm und auch bedeutend feuchter. So trocknen die Tiere nicht aus.

Etliche Arten haben gelernt, auch in der Nähe des Menschen gut zurechtzukommen. Grob aufgeschichtete Steinmauern bieten ihnen hervorragende Verstecke. Das Gleiche gilt für ländliche Hütten und Häuser – hier wimmelt es außerdem oft von Beutetieren wie Fliegen oder Schaben. Selbst ins Innere von Wohnungen dringen die Tiere daher nicht selten vor.

Hausbesetzer

Manchmal muss man seinen Bau gar nicht selber graben: Man kann sich ja auch Unterschlüpfe anderer Tiere unter den Nagel reißen. Das denken sich wohl einige Skorpione und machen es sich in den Röhren und Bauen beispielsweise von Spinnen oder kleinen Reptilien gemütlich.

Im feuchtwarmen Regenwald bewohnen viele Skorpione den Boden, andere klettern geschickt

Ein Leben im Dämmerlicht

Ziemlich vorne am Oberkörper besitzen Skorpione auf der Oberseite zwei Punktaugen. Außerdem können seitlich davon noch zwei bis fünf Paare Nebenaugen vorhanden sein. Einige Arten, die in Höhlen leben, haben gar keine Augen – wozu auch? Im Dauerdunkel könnten sie ohnehin nichts sehen.

Im Gegensatz zu Insekten besitzen Spinnentiere übrigens keine Facettenaugen. Die einzige Ausnahme sind die Pfeilschwanzkrebse – wenn das denn nun wirklich Spinnentiere sind.

Skorpione können allerdings längst nicht so gut sehen wie Du. Selbst die Hauptaugen ermöglichen wohl nur ein unscharfes Bild der Umgebung. Aber die Augen dienen ohnehin vor allem dazu, zwischen Hell und Dunkel zu unterscheiden. Und auf diesem Gebiet sind Skorpione spitze: Ihre Augen zählen zu den lichtempfindlichsten im gesamten Tierreich! Selbst kleinste Lichtmengen können Skorpione damit noch wahrnehmen. Das ermöglicht es den nachtaktiven Tieren beispielsweise, sich sogar in mondlosen Nächten noch am schwachen Licht der Sterne zu orientieren. Skorpione meiden generell helles Licht, sogar Vollmondlicht, und sind vor allem in der ersten Hälfte der Nacht aktiv.

Hier erkennst Du gut eines der großen Hauptaugen sowie die kleinen Nebenaugen weiter vorne, schräg unten

Zumindest einige Arten besitzen zusätzlich zu den Augen in den letzten Abschnitten des dünnen Teils ihres Hinterleibs Sinneszellen. Mit deren Hilfe können sie ebenfalls Licht wahrnehmen – sie „sehen“ also sozusagen auch mit dem Ende ihres Hinterleibs. Stell Dir vor, Du könntest mit geschlossenen Augen nur mit dem Po feststellen, ob das Licht brennt oder nicht! Ein lustiger Gedanke, oder? Diese Fähigkeit hilft den Skorpionen jedoch beispielsweise dabei, sich in einem Unterschlupf so zu platzieren, dass nicht doch ein Teil des Körpers herausschaut und Fressfeinde anlocken könnte.

Und dann gibt es bei Skorpionen noch ein ganz besonders rätselhaftes und faszinierendes Phänomen zu bestaunen: Wenn man sie im Dunkeln mit für uns nicht sichtbarem ultravioletten Licht bestrahlt, beginnen viele Arten geheimnisvoll blau, grünlich oder gelblich zu leuchten. Das nennt man: Sie fluoreszieren. Für Forscher ist das sehr praktisch, um sie nachts aufzuspüren: Die Wissenschaftler müssen nur im Lebensraum der Tiere mit einer Taschenlampe umherleuchten, die ultraviolettes Licht aussendet, und schon glühen die Skorpione in der Dunkelheit auf.

Ganz schön schwer!

Dass der afrikanische Kaiserskorpion zu den größten Skorpionen der Welt zählt, hast Du auf Seite 12 schon gelesen. Sie können aber auch ganz schön schwer werden: bis zu 60 Gramm! Das ist immerhin mehr als das Gewicht einer halben Tafel Schokolade.

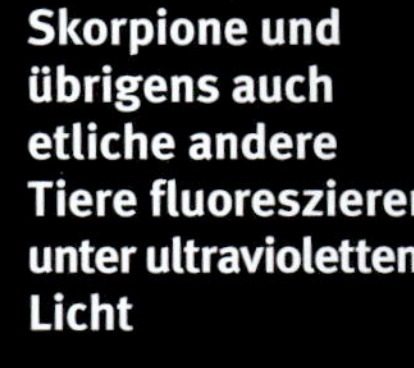

Skorpione und übrigens auch etliche andere Tiere fluoreszieren unter ultraviolettem Licht

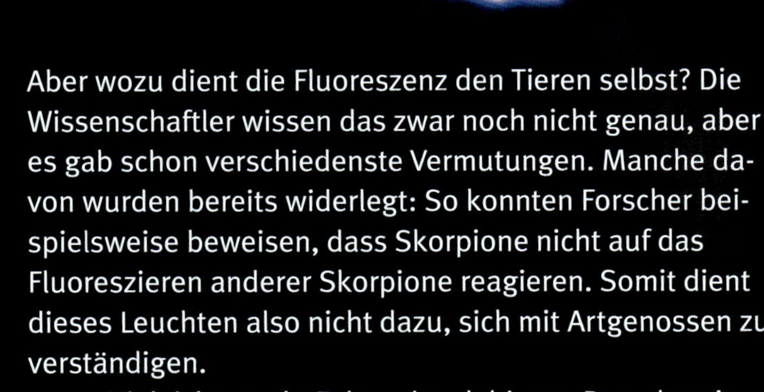

Aber wozu dient die Fluoreszenz den Tieren selbst? Die Wissenschaftler wissen das zwar noch nicht genau, aber es gab schon verschiedenste Vermutungen. Manche davon wurden bereits widerlegt: So konnten Forscher beispielsweise beweisen, dass Skorpione nicht auf das Fluoreszieren anderer Skorpione reagieren. Somit dient dieses Leuchten also nicht dazu, sich mit Artgenossen zu verständigen.

Vieleicht steckt Folgendes dahinter: Das ultraviolette Licht, das nachts beispielsweise von den Sternen ausgesendet wird, ist sehr schwach. Indem es aber die Skorpione zur Fluoreszenz anregt, wird es mit dem gesamten Körper verstärkt. Die Sinneszellen im hinteren Abschnitt des Hinterleibs können dieses grünlich blaue Licht dann wahrnehmen. Möglicherweise schaffen sich Skorpione so ihre eigene Lichtquelle, um beispielsweise einen Unterschlupf zu finden – gerät nämlich ein bestimmter Körperbereich in einen beschatteten Bereich, fluoresziert der Körper dort ja nicht mehr. Der Skorpion könnte dann wissen, dass sich hier ein sicheres Versteck befindet.

Mit Ultraviolett-Taschenlampen lassen sich Skorpione nachts leicht aufspüren

Mit scharfen Sinnen

Wie Du schon gelesen hast, liefern die Augen dieser Tiere kein scharfes Bild. Sie taugen also nicht dazu, im Dunkel der Nacht Beute zu finden. Dafür aber haben Skorpione andere Sinnesorgane, die unglaubliche Leistungen ermöglichen.

Da sind zum einen die hochempfindlichen Sinneshaare. Sie befinden sich vor allem an den Scheren und an anderen Gliedern der Taster. Mit diesen sogenannten Becherhaaren kann der Skorpion feinste Erschütterungen im Boden oder sogar Vibrationen in der Luft wahrnehmen. Je nach Stärke dieser Vibrationen weiß er dann, ob sie von einer möglichen Beute, einem Partner für die Paarung oder einem Feind stammen. Die Sinneshaare zeigen ihm auch an, aus welcher Richtung die Erschütterung kommt. Das funktioniert so hervorragend, dass manche Skorpione sogar fliegende Beute aus der Luft schnappen können!

Die vielen Haare überall am Skorpion sind hochempfindliche Sinnesorgane

Zudem ist der ganze Körper mit weiteren Haaren übersät. Auch sie reagieren auf Berührungen oder Erschütterungen. Bei manchen Arten, die auf Sand leben, nehmen solche Haare an den ersten Fußgliedern Vibrationen von Beute oder Feinden wahr, die unter dem Sand leben. Ähnlichen Zwecken dienen auch die Spaltsinnesorgane, die an manchen Körperstellen liegen.

Mit Ultraschall-Lauten sucht diese Fledermaus nach Beute wie Skorpionen. Doch vielleicht verraten seine scharfen Sinne dem Skorpion noch rechtzeitig, dass sich ein Angreifer nähert!

Vielleicht hast Du schon einmal gehört, dass die Polizei auf der Suche nach einem Vermissten oder einem Verbrecher „die Umgebung durchkämmt". So ähnlich könnte man das auch bei Skorpionen sagen. Unter dem zweiten Abschnitt ihres Hinterleibs sitzt nämlich ein ganz besonderes Sinnesorgan. Da es aussieht wie ein Kamm, wird es Kammorgan genannt. Von allen Tieren der Erde besitzen es nur Skorpione!

Wenn ein Skorpion läuft, tastet er mit diesem zweiteiligen Kammorgan fortwährend den Untergrund ab. Zum einen übernimmt es also sozusagen die Funktion unserer Fingerspitzen: Es verrät dem Skorpion etwas darüber, wie der Untergrund beschaffen ist, ob er zum Beispiel aus Sand oder Fels besteht und wie groß die Sandkörner oder Kieselsteine sind. Außerdem nimmt das Tier damit auch feinste Erschütterungen wahr, die von seinen Beutetieren, einem Feind oder einem anderen Skorpion stammen können.

Und schließlich vermögen diese Spinnentiere damit auch Duftspuren wahrzunehmen. Auf diese Weise können sie Wasser, einen Partner für die Paarung oder Beute aufspüren. Da es sich um paariges Organ handelt, also zwei davon vorhanden sind, weiß der Skorpion auch, in welche Richtung er einer Duftspur folgen muss – je nachdem, ob diese Spur links oder rechts stärker ist.

An den Kieferklauen, den Füßen, aber auch anderen Stellen des Körpers sitzen weitere Sinneshaare, die für das Schmecken oder Riechen zuständig sind. Manche davon sind besonders dazu geeignet, feuchte Stellen aufzuspüren. Gerade für Skorpione in Wüstengebieten ist das überlebensnotwendig!

Du siehst also: Skorpione leben in einer völlig anderen Sinneswelt als wir – so richtig können wir uns gar nicht vorstellen, wie sie ihre Umwelt wahrnehmen und erleben.

Hier siehst Du, wie ein Skorpion beim Laufen sein Kammorgan nach außen geklappt hat, um damit ständig Informationen zu sammeln

Auf Beutefang

Skorpione sind allesamt Jäger. Sie erbeuten vor allem wirbellose Tiere, also beispielsweise Insekten, Asseln, Spinnen, andere Skorpione, Hundertfüßer und Tausendfüßer. Große Arten lassen sich gelegentlich auch einmal sehr kleine Wirbeltiere wie Echsen schmecken.

Die meisten Skorpione erbeuten, was sie gerade erwischen können. Manche Arten sind aber spezialisiert: Sie fressen also nur ganz bestimmte Beutetiere. So gibt es Skorpione, die nur Spinnen oder nur Termiten auf ihrer Speisekarte stehen haben.

Manche Arten streifen auf der Suche nach Beute sehr aktiv umher. Andere lauern einfach vor ihrem Unterschlupf, bis ein ahnungsloses Tierchen des Weges kommt.

Hat ein Skorpion über sein vielfältiges Arsenal an Sinnesorganen ein mögliches Beutetier entdeckt, wendet er sich ihm zu und packt es mit seinen kräftigen Scheren. Besonders bei Arten, die kein sehr starkes Gift haben, sind die Scheren dafür wirklich mächtig ausgebildet. Damit können sie das Opfer mit Leichtigkeit festhalten und zerquetschen. Ihr dünnes Hinterleibsende ist oft klein, die Giftblase vergleichsweise winzig. Hochgiftige Skorpione dagegen besitzen (fast) immer schmal gebaute, zart wirkende Scheren, dafür aber sind ihre letzten fünf Hinterleibsabschnitte dick, und die Giftblase ist groß. Die einzige Ausnahme ist *Hemiscorpius lepturus*, eine Art aus Iran, Irak, Pakistan und Jemen – seine Scheren sind kräftig, aber er besitzt dennoch ein extrem wirksames Gift.

Die scharfen Sinne der Skorpione haben es diesem Jungtier ermöglicht, eine zweite Taufliege zu erbeuten, während es noch an der ersten frisst. Er könnte auch problemlos weitere Beutetiere schnappen.

„Darf's noch ein bisschen mehr sein?"

Gift herzustellen, ist für Skorpione sehr energieaufwendig. Es ist sozusagen „teuer". Darum gehen sie sparsam damit um und können sogar die Zusammensetzung je nach Zweck beeinflussen. Haben sie ein kleines Insekt erwischt, spritzen sie ihm nur ein „Vorgift" ein. Darin ist zwar viel Kalium enthalten, aber wenig von den „teuren" Giftstoffen. Wenn sich das Tier allerdings stark wehrt oder dem Skorpion gefährlich werden kann, verpasst er ihm das volle Gift.

Manche Arten verlassen sich auf der Jagd vor allem auf die Kraft ihrer Scheren, mit der sie ihre Beute leicht töten können. Ihren Giftstachel setzen sie nur dann ein, wenn das Opfer recht groß und wehrhaft ist. Andere, darunter vor allem Wüstenskorpione, stechen fast immer sofort mit ihrem Giftstachel zu, sobald sie eine Beute zwischen den Scheren haben. In ihrem kargen Lebensraum können sie es sich nämlich auf keinen Fall leisten, dass ein Beutetier entkommt. Mithilfe ihrer Sinneshaare am Stachel finden sie rasch eine weiche Stelle des Opfers, an der sie mit dem Stachel leicht eindringen können. Das Gift lähmt und tötet die Beute.

Mit den Scheren dreht der Skorpion seine Beute nun oft so, dass ihr Kopf zum Mundbereich zeigt. Dann zerkauen die Kieferklauen die Mahlzeit zu einem Knäuel. In einer Art geschützter Kammer vor dem Mundbereich wird die zermatschte Beute nun mit Speichel und Verdauungsflüssigkeiten vermischt. Auf diese Weise wird die Nahrung vorverdaut.

Eine schwammartige Struktur filtert diesen Nahrungsbrei, und nur ganz verflüssigte Bestandteile und kleinste Teilchen saugt der Skorpion dann nach und nach durch seinen winzigen Mund auf. Schließlich bleibt nur ein trockenes, ausgesaugtes „Paket“ von der Beute übrig, das der Skorpion dann irgendwann fallen lässt.

Auch dieses Jungtier hat gleich zwei Beutetiere ergriffen: einen Springschwanz und eine geflügelte Blattlaus

Spinnentiere ernähren sich auch von anderen Spinnentieren. Hier lässt sich ein Skorpion eine Walzenspinne schmecken.

In der Wüste gibt es nicht viele Beutetiere. Dort lebende Skorpione kommen jedoch auch mit sehr wenig Nahrung aus.

Jede Menge Feinde

Nicht alle Skorpione sind stumm. Wenn sie sich bedroht fühlen, können einige Arten ein Geräusch von sich geben, das je nachdem wie ein Zirpen oder Zischen klingt. Diese Laute erzeugen sie meist, indem sie zwei Körperteile aneinander reiben. Beispiele dafür sind: die Kieferklauen am geriffelten Vorderrand der Vorderkörpers oder die Kammorgane an der körnigen Struktur einer Bauchplatte. Eine Ausnahme bildet der Maurische Skorpion: Er erzeugt Töne, indem er mit dem „Schwanz" auf den Boden schlägt.

Mit diesen Geräuschen versuchen die Skorpione, Fressfeinde abzuschrecken. Und davon haben sie trotz ihrer Scheren und ihres Giftstachels jede Menge! Ob Eulen und andere Vögel (darunter sogar Hühner und Enten!), Echsen, Schlangen, Säugetiere wie Erdmännchen, Affen, Hauskatzen, Skorpione der eigenen oder einer anderen Art, Spinnen, Hundertfüßer – sie alle haben Skorpione zum Fressen gern ...

Manche Schlangen und Echsen wie diese Agame fressen gerne Skorpione

Auch viele Vögel wie dieser Südliche Gelbschnabeltoko haben Skorpione „zum Fressen gern"

Erdmännchen und andere Mangusten werden mit Skorpionen leicht fertig

Lecker!

Nicht nur viele Tiere finden Skorpione lecker, sondern auch Menschen in manchen Ländern Afrikas und Südostasiens. Das kommt Dir merkwürdig vor? Schau mal in die Kühlregale und Tiefkühltruhen Deines Supermarkts – da findest Du jede Menge Krabben und Garnelen. Ist der Unterschied wirklich so groß? Andere Länder, andere Sitten …

Skorpion sprach: Ich steche dich, dass du ewig denkst an mich!

Alle Skorpione stellen in Drüsen in ihrem letzten Hinterleibsabschnitt Gift her. Mit ihrem Stachel am Hinterleibsende können sie es verabreichen. Viele ihrer Feinde sind zwar weitgehend immun dagegen – es schadet solchen Tieren also nicht besonders oder sie haben gelernt, den Stachel zu entfernen, ehe sie einen Skorpion verzehren. Gegen viele andere Feinde allerdings ist das Gift eine wirksame Waffe! Es dient also nicht nur dazu, widerspenstige Beute zu überwältigen, sondern auch zur Verteidigung.

Das Gift wirkt vor allem auf das Nervensystem des Opfers. Es lähmt beispielsweise die Signalübertragung im Körper – dadurch kommt es unter anderem zu Atemstillstand. Das Gift tritt nicht direkt an der Spitze des Stachels aus, sondern etwas dahinter. Sonst könnte die Öffnung verstopfen, wenn der Skorpion sie in einen Gegner oder eine Beute bohrt.

Einen besonderen Trick haben einige Arten aus Südafrika und Amerika auf Lager: Sie können ihr Gift bis zu einen Meter weit versprühen! Gelangt es in die Schleimhäute eines Angreifers, beispielsweise an der empfindlichen Nase, oder in die Augen, ist das sehr schmerzhaft und unter Umständen auch gefährlich. Diese Skorpione sind nicht miteinander verwandt – ihre raffinierte Verteidigungsmethode haben sie also unabhängig voneinander entwickelt. Eine ähnliche Strategie verfolgen auch manche Giftschlangen, die Speikobras. Sie können Angreifern Gift aus ihren Zähnen entgegensprühen.

„Ich bin ein Skorpion!“

Viele räuberische Tiere lassen Skorpione in Ruhe. Sie wissen genau, dass diese ihnen einen schmerzhaften oder sogar gefährlichen Giftstich verpassen könnten.
Das machen sich einige Tiere verschiedenster Gruppen wie Insekten oder sogar Echsen zunutze, die sich nicht verteidigen können. Sie ahmen in ihrem Äußeren und ihrem Verhalten Skorpione nach. Damit lügen sie praktisch einen Angreifer an und sagen: „Ich bin ein Skorpion!“ Wenn auf diese Weise ein harmloses Tier ein gefährliches nachahmt, nennt man das Mimikry.

Der Gelbe Mittelmeerskorpion ist eine der gefährlichsten Arten überhaupt. Hier siehst Du ihn in Drohstellung.

Zum Glück sind von den etwa 2 500 Skorpionarten, die wir heute kennen, noch nicht einmal 30 für den Menschen lebensgefährlich. Und selbst Stiche von diesen wirklich hochgiftigen Arten verlaufen meist glimpflich. Es schmerzt zwar oft extrem, aber Todesfälle sind relativ selten. Wissenschaftler schätzen, dass auf der ganzen Welt jährlich etwa 3 000 Menschen durch Skorpionstiche ums Leben kommen. Wenn Du bedenkst, dass im gleichen Zeitraum allein im nordafrikanischen Land Algerien bis zu 40 000 Menschen gestochen werden und in Brasilien sogar 140 000, sind das weniger tödliche Unfälle, als man vielleicht annehmen würde. Zum Vergleich: Etwa genauso viele Menschen sterben in Deutschland jedes Jahr durch Verkehrsunfälle.

Vor allem arme Menschen sind von Skorpionstichen betroffen. Sie leben nämlich oft dort, wo es auch viele Skorpione gibt. Für die Arbeit oder beispielsweise um Holz zu sammeln, müssen sie sich viel in der Natur aufhalten. Und wenn sie gestochen werden, ist keine gute medizinische Versorgung erreichbar. Wenn die Politik Armut bekämpft und den Menschen bessere Lebensbedingungen verschafft, wird also auch die Gefahr durch Skorpione sehr stark abnehmen.

Auch der Südafrikanische Dickschwanzskorpion zählt zu den gefährlichen Arten

Medizin aus Skorpiongift

Aus dem Gift von Skorpionen lässt sich nicht nur das Gegenmittel für eben dieses Gift herstellen. Auch andere Medikamente können Forscher daraus entwickeln. Vielleicht wird es eines Tages Arznei aus Skorpiongift gegen Krebs oder Malaria geben!

Mächtige Scheren weisen fast immer darauf hin, dass der betreffende Skorpion kein starkes Gift besitzt. Auf die Hand nehmen solltest Du Skorpione dennoch nie.

In Amerika sind unter den Rindenskorpionen einige Arten, deren Gift unter unglücklichen Umständen Menschen töten kann

In manchen Ländern dringen Skorpione auch in Häuser vor. Sie verstecken sich beispielsweise gerne unter am Boden liegenden Kleidungsstücken.

Stiche vermeiden

Wenn Du in Regionen unterwegs bist, in denen es gefährliche Skorpione gibt, kannst Du Dich durch einige einfache Maßnahmen vor ihnen schützen. Beispielsweise solltest Du Deine Schuhe gründlich ausklopfen, ehe Du sie morgens anziehst. Denn ein Skorpion liebt enge Verstecke und könnte sich darin zurückgezogen haben. Dasselbe gilt für Kleidung – vor allem, wenn sie auf dem Boden lag. Auch unter die Bettdecke solltest Du schauen, ehe Du schlafen gehst. Dass Du nicht barfuß oder in Sandalen läufst, wo hochgiftige Skorpione leben, sollte ohnehin selbstverständlich sein.

Zum Glück gibt es gegen die Gifte vieler sehr gefährlicher Skorpione Antiseren. Das ist eine wirkungsvolle Medizin, die man einem gestochenen Menschen spritzen kann.

In Ländern, in denen gefährliche Skorpione leben, solltest Du morgens sicherheitshalber einen genauen Blick in Deine Schuhe werfen ...

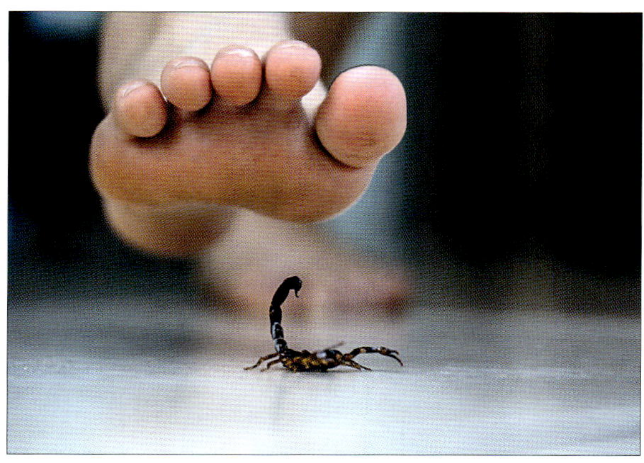

Unfälle mit Skorpionen im Haus können rasch passieren

„Darf ich bitten?“

Wenn sich Skorpione vermehren möchten, bieten sie eines der erstaunlichsten Schauspiele der Natur. Da diese Tiere ja nicht gut sehen können, müssen Männchen und Weibchen auf andere Weise zueinander finden. Entweder das Männchen, das Weibchen oder beide Partner geben daher Duftstoffe ab. Diese sogenannten Pheromone kann bei manchen Arten sogar der Mensch mit dem Geruchssinn wahrnehmen, also riechen. Bei den Skorpionen dienen sie dazu, dem Partner zu signalisieren, wo man sich aufhält.

Auf der Suche nach einem Partner laufen die Tiere, vor allem das Männchen, dann oft recht flink mit ausgestreckten Scheren umher. Männchen zeigen dabei manchmal auch zitternde Bewegungen.

Hat das Männchen ein Weibchen seiner Art gefunden, fasst es dessen Scheren mit seinen eigenen. Das sieht dann aus, als würden die Partner einander „an den Händen“ halten. Dann beginnen sie, was Forscher „Promenade à deux“ (sprich: Promenahd a dö) nennen. Das ist Französisch und bedeutet so viel wie „Spaziergang zu zweit“. Im Deutschen wird es auch Paarungstanz genannt: Die Partner schreiten nämlich tatsächlich hin und her, wie bei einem Tanz. Das kann einige Minuten dauern oder auch Stunden, manchmal sogar länger als einen Tag!

Zwei Europäische Gelbschwanzskorpione beim Paarungstanz

Beim Paarungstanz laufen die Partner anmutig hin und her. Manche richten dabei ihren Hinterleib hoch auf.

Bei manchen Arten sticht das Männchen das Weibchen dabei sogar in die weiche Haut zwischen den Segmenten der Taster. Dabei wird tatsächlich Gift übertragen. Das schadet dem Weibchen zwar nicht, macht es aber ruhiger. Je nach Art kann das Männchen auch zittern, das Weibchen mit seinem ersten Beinpaar berühren oder damit auf den Boden trommeln. Bei fast allen Arten berühren sich die Partner während dieses „Tanzes" hin und wieder gegenseitig mit den Chelizeren: Für einen menschlichen Beobachter wirkt das, als würden sie sich küssen.

Manche Arten beugen den Vorderkörper nach unten und richten den Hinterkörper hoch auf. Dabei neigen die Partner den „Schwanz" nach vorne, sodass sie einander mit den Enden berühren können. Bei anderen Arten passiert das Gleiche, nur dass bei ihnen die „Schwänze" zur Seite zeigen.

Beide Partner berühren einander mit den Chelizeren – sieht das nicht aus wie ein zärtlicher Kuss?

Das Männchen stellt seine Kammorgane am Unterleib senkrecht zum Boden und betastet ihn. Dabei nimmt es zum einen Duftstoffe wahr, zum anderen aber sucht es damit eine feste, ebene Stelle. Dort setzt es schließlich aus seinem Unterleib ein Samenpaket ab, das auf einem kleinen Stil steht. Nun zieht das Männchen sein Weibchen darüber, und dieses nimmt das Paket auf. Damit kann es später die Eier befruchten, die sich in seinem Körper befinden. Ist das geschehen, trennen sich die Partner.

Weltweit läuft der Paarungstanz bei allen Skorpionarten sehr ähnlich ab

„Ich könnte dich auffressen!“

In seltenen Fällen geschieht es, dass das Weibchen nach der Paarung das Männchen frisst. Das erscheint Dir vielleicht grausam. Aber in der Natur ist Beute oft sehr rar, beispielsweise in der Wüste. Indem das Weibchen sich eine Extra-Mahlzeit verschafft, erhöht es seine eigene Überlebens-Chancen – und damit auch die der gemeinsamen Jungtiere.

Im ultravioletten Licht zeigen diese beiden Baumbewohner ihren nächtlichen Paarungstanz

Bei einigen Arten sticht das Männchen die Partnerin im Verlauf des Paarungstanzes

Dieses Skorpionweibchen aus Chile konnte ich dabei beobachten, wie es seine frisch geborenen Jungtiere mit den Vorderbeinen auffing

Auch Skorpione fangen klein an

Nach der Befruchtung der Eier im Körper des Weibchens entwickeln sich darin allmählich die Jungtiere. Wie rasch das geht, hängt von der jeweiligen Art ab, aber zum Beispiel auch davon, ob es warm oder kühl ist, ob das Weibchen viel oder wenig Beute machen kann. Je nachdem kann es nur sechs Wochen oder auch zwei Jahre dauern, bis die Jungen geboren werden. Im Lauf der Trächtigkeit wird das Weibchen immer fülliger. Wenn Du genau hinschaust, kannst Du dann die Embryos, also die noch nicht geborenen Babys, durch die dünne Haut an den Seiten des Muttertiers schimmern sehen.

Zur Geburt zieht sich das Weibchen in den Schutz seines Unterschlupfs zurück. Es richtet nun seinen Vorderkörper auf. Mit seinem ersten Beinpaar greift es unter seine Geburtsöffnung am Unterleib, um damit die Jungtiere wie in einem Korb aufzufangen. Je nach Art kommen nun die Jungen noch in einer Eihülle oder ohne eine solche Hülle zur Welt. Junge von Arten, die in einer Eihülle geboren werden, befreien sich recht rasch daraus. So eine Geburt kann einige Minuten oder mehrere Stunden dauern. Bei manchen Arten kommen sogar über mehrere Tage hinweg immer wieder Junge.

Sobald die Skorpionbabys auf der Welt sind, krabbeln sie auf den Rücken des Muttertiers. Damit das für heruntergepurzelte Junge leichter ist, hält „Mama" ihre Scheren nach unten geneigt. Von dort gelangen sie leicht auf den Rücken.

Einige Junge purzelten jedoch herunter. Unglaublich präzise und zart ergriff Mutter Skorpion solche Babys mit ihren mächtigen Scheren und setzte sie sich wieder auf den Körper. Ist das nicht faszinierend?

Besonders faszinierend finden Eulchen Xabi und ich, wie fürsorglich die Skorpionmutter mit ihren Jungen umgeht. Purzelt beispielsweise eines auf den Boden, sucht sie es. Dazu läuft sie herum, hält an und sucht weiter, bis sie es gefunden hat. Da sie auch dabei die Scheren nach unten richtet, kann das Kleine meist von allein wieder auf seine Mutter krabbeln. Bei manchen Arten verlässt sich das Muttertier darauf aber nicht, sondern ergreift ihr Junges mit ihren Scheren und setzt es auf ihren Körper.

Ausgerechnet die Scheren, die sonst mit Leichtigkeit die Beute packen oder sogar zerquetschen, greifen jetzt so vorsichtig und zart nach dem Skorpionbaby, dass ihm dabei kein Schade zugefügt wird. Ist das nicht absolut erstaunlich? Wer so etwas einmal erleben durfte oder Bilder davon sieht, betrachtet Skorpione danach sicher mit ganz anderen Augen!

Jede Menge Junge

Je nach Skorpionart bringt das Muttertier nur einige wenige oder aber wirklich ganz schön viele Junge zur Welt. Bei manchen Arten sind es nur zwei bis vier, bei anderen zehn, 20, 30, ja sogar bis zu 70 oder 80. In Ausnahmefällen können es auch über 100 sein!

Es geht auch ohne Männchen

Bei vielen Arten können die Weibchen nach einer Paarung nicht nur ein Mal, sondern mehrmals Junge zur Welt bringen – teilweise über mehrere Monate, ja sogar Jahre!

Aber das ist noch nicht alles. Weibchen mancher Arten brauchen gar keine Männchen, um Junge zu bekommen. Bei ihnen entwickelt sich der Nachwuchs also sozusagen von ganz alleine. Man nennt das Jungfernzeugung. Das geht so weit, dass von manchen Arten überhaupt nur Weibchen existieren, es gibt davon gar keine Männchen!

Je nach Art können aber aus so einer Jungfernzeugung auch Männchen und Weibchen oder sogar ausschließlich männliche Junge hervorgehen.

Ein Jungtier sitzt noch auf der Mutter. Die übrigen haben sie bereits verlassen – Du erkennst aber noch ihre Häutungsreste auf dem Rücken des Muttertiers.

Je nach Art sind es ganz schön viele Junge, die ihre erste Zeit auf „Mamas“ Rücken verbringen

Klein und weiß

In ihrem Aussehen gleichen frisch auf die Welt gekommene Skorpione schon ihren Eltern. Allerdings sind sie weiß oder leicht gelblich. Nur ihre schwarzen Augen bilden einen Kontrast zu dieser hellen Farbe. Und es gibt noch weitere Unterschiede zu den erwachsenen Skorpionen: Die Babys haben keine Krallen an den Füßen, sondern Saugnäpfe. Damit können sie sich gut auf dem Rücken der Mutter festhalten. Dort verbringen sie die erste Zeit ihres Lebens. Die Kieferklauen der Kleinen sind noch nicht funktionstüchtig, ebenso wenig der Giftapparat.

Je nach Zahl der Jungen sitzen sie nebeneinander auf der Mutter oder müssen sogar gestapelt aufeinander Platz nehmen. Bei manchen Arten schauen sie in alle Richtungen, bei anderen alle nach vorn, alle zur Seite oder alle nach innen. Das sieht ziemlich ulkig aus!

Frisch zur Welt gekommene Skorpione sind weißlich

Wenn sich Mutter Skorpion ein Angreifer oder eine Rivalin nähern, …

… verteidigt sie ihre Jungen energisch. Genau das ist der Grund, warum die Kleinen ihre erste Zeit auf Mutters Rücken verbringen.

Die Kleinen werden von der Mutter nicht gefüttert, und sie jagen auch noch nicht selbst. Sie lassen sich erst einmal nur umhertragen. Das ist für so ein kleines Tierchen natürlich wunderbar, denn es gibt viele Feinde, die sich solch einen Winzling zu gerne schmecken lassen würden. An die wehrhafte Mutter mit ihren Scheren und dem Giftstachel dagegen trauen sie sich nicht heran. Die Jungen sind bei ihrer Mutter also viel sicherer, als wenn sie alleine unterwegs wären.

Dazu kommt, dass so kleine Skorpione sehr rasch austrocknen können. Das wäre dann ihr Todesurteil. Das Muttertier aber trägt sie immer dorthin, wo Temperaturen und Luftfeuchtigkeit für sie ideal sind. Außerdem nehmen die Kleinen Feuchtigkeit auf, die das Muttertier ausscheidet.

Kampfbereit hat diese Skorpionmutter ihre Scheren ausgebreitet und den stachelbewehrten Hinterleib nach vorn gebogen

Je nach Art recht bald nach der Geburt oder fast zwei Monate danach häuten sich die Jungen auf „Mamas" Rücken fast alle gleichzeitig. Das heißt, sie streifen ihr altes Außenskelett ab. Dazu legen sie sich oft auf den Rücken. Unter dem alten Außenskelett hat sich bereits ein neues gebildet. Anfangs ist es noch weich. Nach ein, zwei Tagen ist es dann aber ausgehärtet und nun auch nicht mehr weiß, sondern zeigt braune, graue oder gelbliche Tarnfarben. Die Saugnäpfe an den Füßen sind verschwunden, der Stachel ist funktionstüchtig, die anfangs fehlenden Sinneshaare sind nun vorhanden. Mit einem Wort: Die Kleinen sind jetzt bereit für den eigenen Weg ins Leben!

In der ersten Phase nach der Häutung steigen sie manchmal von der Mutter herab, klettern bei der kleinsten vermeintlichen Gefahr aber wieder hinauf. Irgendwann jedoch kommt dann der Moment, wo sie die Mutter verlassen, selbst jagen und auch sonst ein eigenständiges Leben führen.

„Zum Aus-der-Haut-Fahren“

Da sie im Außenskelett fast wie in einer Ritterrüstung stecken, können die jungen Skorpione nicht einfach ständig wachsen. Daher häuten sie sich in regelmäßigen Abständen. Sie streifen also die alte Haut ab, unter der sich schon eine neue gebildet hat. Weil nach jeder Häutung das Außenskelett größer und noch weich ist, kann der Skorpion dann sozusagen hineinwachsen.

Je nach Art durchläuft der Skorpion so im Lauf der Zeit meist fünf bis acht Häutungen. Erst dann ist er erwachsen und kann selbst für Nachwuchs sorgen. Das kann schon nach einem halben Jahr der Fall sein, meist dauert es aber ein oder zwei Jahre, bei manchen Arten auch länger. Ab diesem Zeitpunkt häutet der Skorpion sich nicht mehr.

Wie Du schon gelesen hast, ist die neue Haut in den ersten Stunden noch weich. Darum ist der Skorpion dann sehr verwundbar: Jeder Fressfeind könnte ihn nun mit Leichtigkeit überwältigen. Aus diesem Grund häutet sich das Tier in einem sicheren Versteck. Erst wenn die neue „Ritterrüstung“ hart geworden ist, kommt der Skorpion wieder hervor und geht auf Jagd.

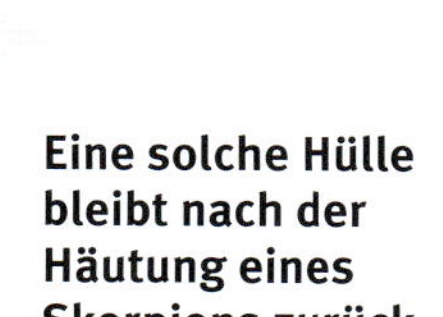

Eine solche Hülle bleibt nach der Häutung eines Skorpions zurück

Hier hat sich ein Skorpion schon fast komplett gehäutet – die alte Haut streift er nach und nach ab

Manche Skorpione leben durchaus gesellig

Kannibalen und Vorzeigefamilien

Normalerweise sind Skorpione Einzelgänger. In kalten Regionen können zwar etliche von ihnen zusammen überwintern, aber generell bleibt jedes Tier für sich alleine. Kleine Skorpione müssen sich vor größeren sogar in Acht nehmen – selbst solchen ihrer eigenen Art! Hungrige Skorpione machen nämlich vor Artgenossen nicht Halt, nicht einmal vor Geschwistern oder den eigenen Jungen.

Jungtiere mancher Arten verbringen allerdings friedlich die erste Zeit gemeinsam im Bau der Mutter. Einige Monate lang kann das dauern. Bei bestimmten Arten jagen Mutter und Jungtiere sogar gemeinsam und fressen gemeinschaftlich an der Beute. Andere legen vom Bau des Muttertiers ausgehend weitere Röhren für die Jungen an, sodass eine Art „Familienwohnung“ entsteht.

Einige Skorpione sind auch als Erwachsene noch untereinander friedlich. Du kannst dann beispielsweise mehrere Exemplare derselben Art gemeinsam in einem Versteck antreffen.

Gegenüber anderen Arten und oft auch gegenüber Artgenossen verhalten sich die meisten Skorpione jedoch aggressiv. Hier hat ein *Orthochirus*-Skorpion einen *Hottentotta*-Skorpion erbeutet.

Eine Besonderheit sind Familiengruppen, die über längere Zeit Bestand haben. Das bekannteste Beispiel dafür ist der große Kaiserskorpion aus Afrika. Diese Tiere leben in ihrer Heimat dauerhaft in größeren Gruppen. Die sonst sehr friedlichen Weibchen reagieren aggressiv auf Belästigungen, wenn sie Junge haben – dabei verletzen sie ihren Nachwuchs aber niemals, selbst wenn er sich direkt an ihren zuschnappenden Scheren aufhält. Die Mütter erkennen ihre Jungen also. Das gelingt ihnen wahrscheinlich über ihre Sinneshaare.

Auch bereits größere Jungtiere suchen bei dieser Art lange den Kontakt zum Muttertier. Und die Weibchen verletzen selbst Junge anderer Artgenossen nicht. So können in der Natur Gruppen aus Kaiserskorpionen verschiedenen Alters zusammenleben. Offenbar müssen nicht alle davon miteinander verwandt sein. Die Jungen fressen gemeinsam an großer Beute, die ihre Mutter erlegt hat.

Ein besonderes Familienleben zeigen Kaiserskorpione

Ähnlich geht es bei *Heterometrus fulvipes* aus Indien zu. Auch bei dieser Art leben die Jungen sehr lange mit der Mutter zusammen. Teilweise finden sich sogar Jungtiere aus zwei Würfen, also zwei Geburten, gemeinsam mit im Bau. Sie erweitern den Unterschlupf, überwältigen Beute im Team und fressen zusammen davon. Die Mutter verdaut auch Nahrung für ihren Nachwuchs vor, sodass die Kleinen problemlos fressen können. Und sie verständigt sich mit ihren Jungen sogar, indem sie summende Geräusche erzeugt.

Ein Wissenschaftler hat diese Kaiserskorpione markiert, um ihr Zusammenleben zu erforschen

Hier teilen sich junge, markierte Kaiserskorpione eine Beute. Das ist alles andere als selbstverständlich: Bei den meisten anderen Arten fressen sich sogar Geschwister gegenseitig.

Überlebenskünstler

Skorpione sind gegen verschiedenste gefährliche Umwelteinflüsse erstaunlich widerstandsfähig. Das beginnt schon mit ihrer Abwehr gegen krank machende Bakterien. Als Abwehrstoffe in ihrer Hämolymphe, also sozusagen dem Blut, können Insekten die sogenannten Defensine einsetzen – allerdings produzieren Insekten diese Substanzen erst, wenn sie schon von Bakterien infiziert sind. Bei Skorpionen dagegen sind Defensine immer in der Hämolymphe vorhanden. In ihrem Aufbau ähneln ihre Defensine sogar dem Nervengift, das sie in ihrer Giftblase am Stachel herstellen. Darum haben es Bakterien bei ihnen enorm schwer, einzudringen und sich zu vermehren.

Viele Wüstenarten kommen mit extrem wenig Wasser aus und müssen nicht trinken. Sie können Luftfeuchtigkeit aufnehmen, die in ihrem Bau vorhanden ist. Oder sie vermögen selbst noch ganz schwache Feuchtigkeit aus dem Boden zu nützen. Weiteres Wasser gewinnen sie aus der Beute, die sie fressen.

Auch sehr hohe Temperaturen halten einige Wüstenarten aus. Ab spätestens 44 Grad Celsius Körpertemperatur stirbt der Mensch. Einige Skorpione dagegen überstehen für einige Zeit Temperaturen bis 47 Grad, manche sogar bis 50 Grad!

Um in Wüsten überleben zu können, brauchen Skorpione besondere Anpassungen und Fähigkeiten

Andere Arten leben hoch im Gebirge oder in anderen Regionen, in denen es eiskalt wird. Sie überleben Temperaturen von minus 10 bis 15 Grad Celsius! Bestimmte Substanzen in ihrem Körper sorgen dafür, dass sich bei solcher Kälte keine Eiskristalle im Körper bilden – das wäre nämlich tödlich.

Jeder Skorpion ist perfekt an seinen jeweiligen Lebensraum angepasst

Wir Menschen, aber auch Säugetiere und Vögel produzieren eigene Körperwärme. Das ermöglicht es uns, sehr aktiv zu sein. Es kostet den Körper aber auch unheimlich viel Energie – darum müssen Mensch, Säugetiere und Vögel sehr viel Nahrung zu sich nehmen.

Spinnentiere dagegen sind immer nur so warm wie ihre Umgebung. Ihr ganzes Leben läuft somit sozusagen auf Sparflamme. Wenn sie satt sind, bleiben sie einfach ein paar Tage in ihrem Unterschlupf und sparen Energie.

Unser Körper produziert ständig Wärme, Das kostet viel Energie, und darum müssen wir oft und relativ viel essen.

In der Wüste gibt es wenig Beute. Skorpione, die hier leben, sind daher daran angepasst, nicht dauernd Nahrung aufnehmen zu müssen. Dafür hauen sie aber auch so richtig rein, wenn sie mal etwas zum Fressen gefangen haben: Dann vertilgen sie große Mengen, sodass sie regelrecht anschwellen.

Wenn sie eine solche große Mahlzeit hinter sich haben, können sie anschließend wochenlang, monatelang oder sogar jahrelang auf Nahrung verzichten. Den Rekord hält ein Feldskorpion, der drei Jahre lang ohne Beute aushielt. Kannst Du Dir das vorstellen?

Sogar gegen radioaktive Strahlung sind vor allem Wüstenskorpione unglaublich widerstandsfähig. Solche Strahlung entsteht beispielsweise durch Atombomben. Skorpione können über 150 Mal mehr von dieser extrem gefährlichen Strahlung aushalten als Affen.

Ganz schön alt!

Wenn Du schon einmal kleine Säugetiere als Heimtier gehalten hast, dann weißt Du, dass sie leider keine hohe Lebenserwartung haben. Zweieinhalb Jahre ist für eine Farbmaus oder einen Zwerghamster schon viel.
Kaninchen oder Meerschweinchen können immerhin etwa zehn Jahre alt werden. Zwar erreichen die meisten Skorpione auch nur ein entsprechendes Alter, manche werden aber bis zu 25 Jahre alt!

Skorpione dagegen nutzen die Wärme der Umgebung. Sie müssen daher nicht viel Nahrung zu sich nehmen, vor allem auf Wüstenskorpione trifft das zu. Wenn sie allerdings einmal die Gelegenheit haben, sich ordentlich den Bauch vollzuschlagen, dann tun sie das auch – nach einer solch üppig Mahlzeit erscheinen sie geradezu aufgedunsen.

Faszination Skorpione

Wie Du schon weißt, sind Skorpione auf der Welt extrem weit verbreitet. Überall konnten die Menschen sie sofort erkennen, da ihr Körperbau unverwechselbar ist. Die Furcht vor ihrem Gift und das eindrucksvolle Äußere dieser Tiere sorgten dafür, dass Skorpione schon immer eine große Rolle in den Mythen und Religionen der Menschen spielten.

Wenn Du Dich für Sterne interessierst, ist Dir sicher das Sternbild „Skorpion" bekannt. Bei uns ist es allerdings nur noch ganz knapp am südlichen Nachthimmel zu sehen. Mit etwas Fantasie ist der Skorpion samt Scheren und aufgerichtetem Hinterleib mit Stachel deutlich auszumachen. Schon die alten Sumerer in Kleinasien, die Griechen, aber auch beispielsweise die Maya in Mittelamerika sahen in dieser Sternenkette einen Skorpion.

So erscheint das Sternbild Skorpion am Nachthimmel

Auch eines unserer Tierkreiszeichen ist nach dem Skorpion benannt: Wenn Du zwischen dem 24. Oktober und dem 22. November geboren bist, dann „bist Du" ein Skorpion!

Die alten Ägypter sahen im Skorpion ein machtvolles Tier. Ihr erster Pharao, also ihr erster König, dessen Namen wir kennen, hieß „Skorpion I.". Und die Göttin Selket wird oft mit einem Skorpion auf dem Kopf dargestellt. Die alten Ägypter baten sie um Schutz vor dem Stich vor Skorpionen. In vielen ihrer religiösen Überlieferungen kommen Skorpione vor.

Skorpion ist auch eines der Tierkreiszeichen

Auch in praktisch allen anderen Kulturen, die mit Skorpionen zu tun hatten, tauchen diese Tiere in Märchen, Mythen und Religion auf. Beispiele dafür sind die alten Babylonier, Sumerer, Perser, Griechen und Römer, Juden- und Christentum, die australischen Aborigines, die Tibeter oder die Chinesen. Oft wurde der Skorpion als böse und todbringend geschildert, manchmal aber auch als mächtiger Beschützer. Und häufig wurden aus Skorpionen allerhand Arzneien gegen verschiedenste Krankheiten hergestellt. Genützt haben diese Arzneimittel allerdings wohl nichts ...

Im Sommer kann man auch in Mitteleuropa das Sternbild Skorpion ganz knapp am südlichen Nachthimmel sehen

Die ägyptische Gottheit Selket wurde oft mit einem Skorpion auf dem Kopf dargestellt

So in etwa sieht es aus, wenn Staubmilben sich in einem Kissen tummeln

Käseproduzenten und Krankheitsüberträger:

Milben

Diese Milbe sitzt im „Pelz“ einer Hummel. Sie ernährt sich im Hummelnest von Futterresten und Kot.

Bislang wurden über 50 000 Milbenarten beschrieben. Manche Forscher glauben aber, dass es bis zu einer Million Arten geben könnte!

Die meisten Milben sind winzig klein – viele messen nicht einmal ein Zehntel von einem Millimeter! Wo sie geeignete Lebensbedingungen finden, können sie in unglaublichen Massen vorkommen. Geradezu Riesen sind dagegen manche Zecken und Rote Samtmilben, die ein bis zwei Zentimeter Länge erreichen können.

Milben sind extrem erfolgreiche Tiere. Sie sind fast auf der ganzen Welt verbreitet und haben alle möglichen Lebensräume besiedelt. Sogar im Süßwasser leben manche Arten. Noch ungewöhnlicher ist, dass einige selbst in anderen Tieren leben, beispielsweise in deren Nasenlöchern oder Lungen. Und erschrick nicht: Auch auf uns Menschen leben winzige, durchsichtige Milben, wahrscheinlich auch auf Dir! Diese sogenannten Haarbalgmilben ernähren sich vom Sekret unserer Talgdrüsen und Bakterien. Sie sind jedoch harmlos.

Problematischer sind die Hausstaubmilben, die besonders gerne das Bett besiedeln. Ihr Kot und ihre Eier führen nämlich bei vielen Menschen zu Allergien.

Manche Milben ernähren sich von Pflanzen oder Vorräten und können dadurch zu Schädlingen werden. Andere leben räuberisch. Einige davon werden sogar gezüchtet, denn sie lassen sich von Gärtnern und in der Landwirtschaft einsetzen, um Schädlinge zu fressen.

Wieder andere ernähren sich von verrottenden Pflanzen und Tieren oder von Pilzen. Auch jede Menge Parasiten finden sich unter den Milben. Besonders gefürchtet sind Zecken, denn sie können gefährliche Krankheiten übertragen.

Alles Käse!

Zwei Milbenarten, die Käsemilbe und die Mehlmilbe, werden lebend absichtlich zu bestimmten Käsesorten gegeben. Sie ernähren sich von diesem Käse, hausen darauf und vermehren sich. Dadurch erhalten diese Sorten einen ganz besonderen Geschmack. Hier siehst Du Mimolette-Milbenkäse aus Frankreich.

Eindrucksvolle Jäger:

Geißelspinnen

Sehen Geißelspinnen nicht aus wie Wesen aus einer anderen Welt?

Von den Geißelspinnen sind nur etwa 200 Arten bekannt. Die kleinsten werden knapp einen Zentimeter lang, die größten etwa viereinhalb Zentimeter. In Europa kommt auf griechischen Inseln eine Art vor, ansonsten leben alle Arten in tropischen und subtropischen Regionen. Besonders groß ist ihr Artenreichtum in Regenwäldern.

Ihr flacher Körperbau ermöglicht es ihnen, sich tagsüber unter Baumrinde oder Steinen zu verstecken. Nachts kommen sie hervor und gehen auf Jagd. Sie besitzen zwar nicht wie Insekten Antennen, aber ihr erstes Beinpaar ist stark verlängert und dient ihnen als Fühler. Bis zu 30 Zentimeter lang kann ein solches Fühler-Bein werden! Es wird auch als Geißel bezeichnet und ist mit vielen Sinnesorganen ausgestattet.

Das lang ausgezogene erste Beinpaar benutzen Geißelspinnen sozusagen als Fühler

Hier kannst Du eine Geißelspinne bei der Häutung beobachten

Diese Geißelspinne hat eine Heuschrecke erbeutet

Auch bei Geißelspinnen reiten die Jungen die erste Zeit auf dem Rücken des Muttertiers mit

Die Taster der Geißelspinnen sind mächtige, stachelbewehrte Greifzangen, so ähnlich wie bei Gottesanbeterinnen. Damit packen sie ihre Beute, vor allem Insekten und andere wirbellose Tiere. Gift besitzen sie nicht.

Die Weibchen der Geißelspinnen legen Eier und tragen diese wie ein Säckchen unter ihrem Körper. Nach dem Schlupf reiten die Jungen bis zur ersten Häutung auf dem Rücken der Mutter, wie bei Skorpionen.

Gemeinschaftswesen

Geißelspinnen sind meist Einzelgänger. Es gibt aber einige Arten, bei denen die Jungen bis zu einem Jahr bei der Mutter bleiben. Diese Tiere können sich über ihre Fühler-Beine mit den Artgenossen verständigen. Teilweise leben bei diesen Arten Geißelspinnen mehrerer Generationen gemeinsam.

Abwehrsprayer: Geißelskorpione

Geißelskorpione fallen vor allem durch ihr lang und dünn ausgezogenes Hinterleibsende auf

Für Menschen sind Geißelskorpione völlig harmlos. Man sollte nur aufpassen, dass das Wehrsekret nicht in die Augen gelangt.

Geißelskorpione werden bis zu 8,5 Zentimeter lang. Wie bei den Geißelspinnen sind auch bei den Geißelskorpionen die Scheren der Taster mit mächtigen Stacheln bewehrt. Und ebenfalls wie bei den Geißelspinnen dient auch bei ihnen das verlängerte erste Beinpaar als Fühler.

Auffälligstes Merkmal ist aber der dünne Hinterleibsanhang. Er ist beweglich, und der Geißelskorpion kann ihn gezielt auf einen Angreifer richten. Wenn er sich bedroht fühlt, vermag er daraus nämlich ein Wehrsekret zu versprühen – bei großen Arten bis zu 80 Zentimeter weit! Das brennt in den Augen und den Schleimhäuten von Maul und Nase eines Angreifers ganz schön heftig. Weil darin Essigsäure enthalten ist, riecht das Sekret entsprechend – das hat den Tieren auch den Namen Essigskorpione eingetragen.

Verbreitet sind die rund 200 bekannten Arten in tropischen und subtropischen Regionen Amerikas und Asiens. Eine Art lebt auch in Afrika. Sie besiedeln Wälder, kommen aber teils auch in trockeneren Zonen vor.

Bis zu 80 Zentimeter weit kann ein Geißelskorpion sein Wehrsekret spritzen

Dieses Jungtier sucht im Moos nach Beute

Winzlinge mit Pfiff: Zwerggeißelskorpione

Die über 300 Arten der Zwerggeißelskorpione sind vor allem im Falllaub oder in Höhlen anzutreffen. Verbreitet sind sie weltweit in den Tropen. Sie sind sehr klein: Nicht einmal zwei Zentimeter Länge erreichen sie. Fast alle besitzen keine Augen, viele können aber dennoch Licht wahrnehmen. Ihre dünnen Taster besitzen keine Scheren.
Bei Weibchen ist der Hinterleibsanhang dünn, ähnlich wie bei Geißelskorpionen. Bei Männchen dagegen sieht er anders aus, zum Beispiel wie eine Platte. Von manchen Wissenschaftlern werden Zwerggeißelskorpione als Gruppe der Geißelskorpione gesehen, von anderen als eigenständige Gruppe der Spinnentiere.

Die nachtaktiven Jäger ruhen tagsüber meist in selbst gegrabenen Bauen. Im Schutz der Dunkelheit erbeuten sie vor allem Insekten und andere Wirbellose, manchmal auch kleine Wirbeltiere.

Zur Eiablage ziehen sich die Weibchen in ein sicheres Versteck zurück. Oft ist das eine Höhle unter der Erde. Das häutige Säckchen mit bis zu 40 Eiern trägt das Muttertier dann unter dem Hinterleib. Die geschlüpften, noch nicht fertig entwickelten Jungen klettern auf den Rücken der Mutter. Dort halten sie sich mit speziellen Haftorganen fest. Nach der ersten Häutung sind sie selbstständig und verlassen den Bau der Mutter.

Dieser Geißelskorpion ist in Drohstellung: Gleich wird er dem Angreifer sein giftiges Wehrsekret entgegensprühen!

Stachelritter und Langbeine:

Weberknechte

Gut getarnt!

Einige Weberknechte scheiden aus ihrer Körperoberfläche ein klebriges Sekret aus. Daran bleiben Erde und kleine Teilchen Falllaub hängen. Das Tier ist dadurch hervorragend getarnt!

Nicht ganz 7 000 Arten der Weberknechte sind bekannt. Sie sehen teils extrem unterschiedlich aus. Allen gemeinsam ist, dass bei ihnen Vorderkörper und Hinterleib zusammengewachsen sind. Die kleinsten Arten werden nur etwa zwei Millimeter lang, die größten etwas über zwei Zentimeter. Manche Arten besitzen jedoch extrem lange Beine. Bei einigen sind die Füße so stark gegliedert, dass sie beim Klettern wie eine Greifhand um Pflanzenstängel geschlungen werden können.

Viele Weberknechte besitzen extrem lange Beine

Die Augen der Weberknechte liegen gemeinsam auf einem Hügel. Bei manchen Arten sitzt diese Augengruppe sogar auf einem Stil – das sieht ganz schön ulkig aus!

Einige sind am Körper, aber auch an den Beinen mit Stacheln und Dornen übersät, andere sind glatt, eiförmig und besitzen sehr dünne Beine. Viele Arten zeigen braune und graue Tarnfarben, andere sind leuchtend bunt. Einige können wie Skorpione Geräusche erzeugen.

Auch Weberknechte sind fast weltweit verbreitet. Je nach Art erbeuten sie kleine wirbellose Tiere oder leben von abgestorbenen Pflanzen beziehungsweise den winzigen Lebewesen, die darauf siedeln. Auch Aas lassen sich manche schmecken.

Die meisten Weberknechte sind Einzelgänger. Manche Arten schließen sich aber zu riesigen Gruppen zusammen. Mehrere zehntausend Tiere können dann dicht an dicht sitzen!

Bei Weberknechten legen die Weibchen Eier. Die Männchen mancher südamerikanischen Arten bewachen ein regelrechtes Nest mit den Eiern mehrerer Weibchen.

Manche Weberknechte sind wunderschön gefärbt und skurril geformt

Mit mächtigen Fangapparaten lauert dieser Weberknecht auf Beute

Weg mit dem Bein!

Weberknechte haben viele Feinde. Sie verteidigen sich mit Stinkdrüsen. Das Sekret daraus stinkt aber nicht nur, sondern kann kleinere Angreifer sogar betäuben oder töten.

Einige Arten haben noch eine ganz raffinierte Strategie: Wenn ein Feind, zum Beispiel eine Ameise, ihr Bein erwischt, können sie es ganz einfach ausklinken. Sie haben ja noch genug andere Beine – und das fehlende wächst bei Jungtieren bei den nächsten Häutungen nach.

Winzige Geistlein im Boden:

Tasterläufer

Nur einen bis maximal drei Millimeter groß werden die zart gebauten, lichtscheuen Tasterläufer

Tasterläufer werden manchmal auch Palpenläufer genannt. Über 80 Arten sind bekannt. Diese Tierchen sind augenlos, farblos und werden nur einen bis drei Millimeter lang. Ihr Hinterleib ist gegliedert und zu einer feinen Geißel ausgezogen. Das erste Beinpaar dient wie bei den Geißelspinnen als Fühler.

Tasterläufer legen Eier. Sie ernähren sich räuberisch von anderen winzigen Tierchen, deren Eiern oder von Bakterien in der Bodenschicht und in Höhlen. Die meisten leben in den Tropen und Subtropen. Sie sind dort weltweit verbreitet.

Im Größenvergleich mit Sandkörnern erkennst Du, was für Winzlinge Tasterläufer sind

Über die Lebensweise der Tasterläufer ist kaum etwas bekannt

Spinnentiere mit „Hoodie“:

Kapuzen-spinnen

In geeigneten Lebensräumen können die merkwürdigen Kapuzenspinnen in hoher Zahl vorkommen

Die rund 80 bekannten Arten der Kapuzenspinnen leben im feuchten Falllaub oder Boden von Wäldern oder in Höhlen. Sie kommen in Nord-, Mittel- und Südamerika vor sowie außerdem im Westen Afrikas. Manchmal gibt es dort ganz schön viele davon: In einem Wald in Brasilien fanden Forscher bis zu 36 Tiere auf einem einzigen Quadratmeter! Obwohl es ihr Name anders vermuten lässt, sind es keine Spinnen, sondern sie bilden eine eigene Gruppe der Spinnentiere. Kapuzenspinnen werden etwa einen halben bis einen Zentimeter lang.

Augen besitzen sie zwar nicht, aber Licht können sie dennoch über bestimmte Stellen ihres Körpers wahrnehmen. Sehr langsam kriechen diese kleinen Jäger durch ihren Lebensraum. Mit ihrem verlängerten zweiten Beinpaar tasten sie nach winziger Beute wie Würmchen und Springschwänzen.

Haben sie damit ein Opfer entdeckt, schnappen sie es, indem sie es zwischen den Fußgliedern und dem nächsten Beinsegment einklemmen. Manchmal führen auch die Taster mit ihren winzigen Scheren die Beute zu den Kieferklauen. Diese zerteilen die Nahrung dann. Manche Höhlenbewohner leben auf dem Kot der darin hausenden Fledermäuse und erbeuten dort winzige Tierchen, die sich von diesen Ausscheidungen ernähren. Sie fressen aber auch von toten Fledermäusen und anderem Aas.

Zumindest manche Arten können sich wohl verteidigen, indem sie ihre Ausscheidungen zentimeterweit verspritzen. Weibchen legen einzelne Eier und tragen sie unter ihrer Kapuze umher.

Kapuzenträger

Ihren Namen haben die stark gepanzerten Kapuzenspinnen von einem beweglichen Aufsatz auf der Oberseite des Vorderkörpers. Wenn sie ruhen, klappen sie diesen Anhang wie eine Kapuze über die Mundwerkzeuge.

Genau wie Skorpione fluoreszieren auch zumindest manche Walzenspinnen unter ultraviolettem Licht

Flinke Räuber:
Walzenspinnen

Merkwürdig sehen die über 1 000 bekannten Arten der Walzenspinnen aus. Auch sie sind keine Spinnen, sondern bilden eine eigene Gruppe der Spinnentiere. Maximal werden sie bis zu sieben Zentimeter lang – rechnet man die Beine mit, sogar bis zu 15 Zentimeter. Die meisten Arten sind allerdings wesentlicher kleiner. Auffälligstes Merkmal der oft dicht behaarten Geschöpfe sind ihre riesigen, mit Scheren versehenen Kieferklauen. Bei manchen Arten werden sie länger als der Vorderkörper!

Recht groß sind auch die Augen der Walzenspinnen. Sie scheinen ziemlich funktionstüchtig zu sein und können Formen unterscheiden.

Die Beine sind mit harten Haaren besetzt und besitzen an ihrem Ende zwei lange Krallen. Ihre langen, beinartigen Taster nutzen sie als Fühler. Außerdem können sie an den Spitzen der Tarsen Haftorgane ausstülpen. Sie dienen ihnen dazu, fliegende Beute sicher festzuhalten. Außerdem erleichtern sie ihnen das Klettern.

Bei diesem Weibchen kannst Du die Eier im durchsichtigen Hinterleib erkennen

Viele Arten sind Wüstenbewohner

Ganz schön flink!

Walzenspinnen können etwa halb so schnell rennen wie ein menschlicher Sprinter. Für so ein kleines Tier ist das eine enorme Leistung!

Walzenspinnen leben oft in sehr trockenen Regionen wie Wüsten, Halbwüsten, Steppen und Buschland. Allerdings sind sie meist in der Dämmerung oder nachts aktiv. Der Hitze des Tages entgehen sie in ihrem unterirdischen Bau, der oft unter Steinen liegt.

Nachts sind die sehr flinken Tiere auf der Jagd und erbeuten vor allem Insekten und andere wirbellose Tiere. Auch vor wehrhaften Arten wie Skorpionen schrecken sie nicht zurück. Manchmal erbeuten sie sogar kleine Wirbeltiere, vor allem Echsen oder Schlangen, seltener auch Nagetiere. Die mächtigen Kieferklauen zerteilen die Beute in Windeseile. Gift besitzen sie nicht.

Gegenüber Angreifern erweisen sich viele Arten als ziemlich wehrhaft. Gemessen an ihrer Körpergröße zählen ihre Kieferklauen zu den stärksten Beißwerkzeugen im Tierreich! Bei Bedrohung lassen sie diese Kieferklauen als Warnung sehen. Manche können dabei auch ein rasselndes Geräusch erzeugen, das der Abschreckung dient.

Seine bis zu 200 Eier legt das Weibchen in einer zu diesem Zweck ausgehobenen Nistkammer. Dort bewacht es bei vielen Arten sein Gelege, bis die Jungen schlüpfen. Bei Gefahr verteidigt das Muttertier seine Jungen energisch!

Walzenspinnen sind sehr flinke Räuber

Die mächtigen Kieferklauen können mit enormer Kraft zupacken

Offenbar ist das Sehvermögen von Walzenspinnen besser als das vieler anderer Spinnentiere

Möchtegern-Skorpione:

Pseudoskorpione

In Deutschland leben zwar keine Skorpione, aber dafür Pseudoskorpione. Auch in Österreich und der Schweiz kommen sie vor. „Pseudo“ bedeutet so viel wie „unecht“, „falsch“. Das bezieht sich darauf, dass diese Spinnentiere auf den ersten Blick Skorpionen sehr ähnlich sehen: Denn auch sie besitzen an ihren Tastern große Scheren. Dagegen fehlt ihnen das schwanzartig ausgezogene Hinterleibsende mit Giftstachel.

Ihren Namen erhielten Bücherskorpione, weil eine bekannte Art gerne in alten Büchern auf Jagd nach winziger Beute geht

Gift besitzen diese Tiere zwar meist auch, allerdings münden bei ihnen die Giftdrüsen in den Scheren. Angst brauchst Du vor ihnen dennoch nicht zu haben: Diese Tiere sind meist winzig klein! Die meisten erreichen nur ein paar Millimeter Länge, die größte Art wird gerade mal knapp über einen Zentimeter lang.

Dass sie solche Zwerge sind, ist auch der Grund dafür, dass Du sie wahrscheinlich noch nie gesehen hast. Dabei sind sie gar nicht mal so selten. Eine Art lebt bei uns sogar in Schuppen, Ställen, Vogelnestern und selbst in Häusern: der Bücherskorpion. Wie alle Pseudoskorpione ernährt er sich räuberisch. Vor allem zwischen den Seiten alter Bücher fand er früher reichlich winzigste Insekten.

Auch im Falllaub, im Moos und der obersten Bodenschicht kommen viele Arten vor. Andere leben unter Baumrinde oder Steinen, manche auch in der Gezeitenzone am Meer. Einige sind an das Leben in Höhlen angepasst, wo sie teils auf dem Kot von Fledermäusen leben und dort winzige Insekten erbeuten. Andere kommen in Nestern von Ameisen oder Bienen vor.

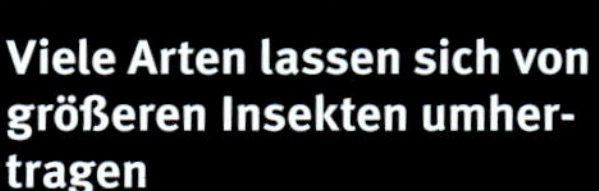

Viele Arten lassen sich von größeren Insekten umhertragen

Per Anhalter mit dem Flugzeug

Viele Pseudoskorpione halten sich an größeren Tieren fest und lassen sich auf diese Weise umhertragen. So kommen sie in neue, für sie geeignete Lebensräume.

Manche lassen sich sogar „per Luftfracht“ mitnehmen: Sie klammern sich beispielsweise an ein Fliegenbein oder das Gefieder von Vögeln und gehen dann als Flugpassagier auf die Reise! Auf diese Weise erreichen sie selbst abgelegene Inseln.

Wieder andere hausen in den Nestern und im Fell bestimmter Nagetiere, der Amerikanischen Buschratten. Dort ernähren sie sich von Parasiten, den Plagegeistern dieser Nager. Die Pseudoskorpione finden in den Nestern also einen sicheren Unterschlupf und reichlich Nahrung, die Buschratten werden ihre Parasiten los. Ein solches Zusammenleben zweier Arten, von dem beide einen Vorteil haben, nennen Wissenschaftler eine Symbiose.

Auch auf manchen Käfern leben Pseudoskorpione, beispielsweise auf dem bis zu sieben Zentimeter langen Harlekinbock. Sogar die Fortpflanzung der Pseudoskorpione, die ihn bewohnen, findet auf dem Käfer statt.

Pseudoskorpione sind weltweit verbreitet. An die 3 500 Arten kennen wir. Mit dem Gift in ihren Scheren erlegen sie winzige Beutetiere, beispielsweise Milben und Springschwänze. Als Milbenfeinde haben sich Pseudoskorpione vor allem bei Imkern sehr beliebt gemacht, denn sie fressen im Bienenstock Varroa-Milben. Die sind für Bienen sehr gefährlich! Ihre Beute zerteilen Pseudoskorpione entweder mit ihren scherenartigen Kieferklauen, oder sie saugen sie aus.

Unter den Flügeln dieses Harlekinbockkäfers leben Pseudoskorpione und befreien ihn von lästigen Parasiten wie Milben

Die winzigen Pseudoskorpione besitzen zwar keinen Giftstachel, aber Giftdrüsen in den Scheren. Für Menschen sind die Zwerge natürlich völlig harmlos!

Paratemnoides-Pseudoskorpione jagen gemeinsam ...

... und legen ihre Behausungen zusammen „unter einem Dach“ an

Spannend ist die Fortpflanzung der Pseudoskorpione. Zumindest einige Arten führen dabei einen ähnlichen „Tanz“ auf wie Skorpione. Für die Eiablage spinnt sich das Weibchen mancher Arten eine winzige Kammer. Die Seide dafür stammt aus den Chelizeren. Nährstoffe erhalten Eier und Jungtiere darin durch ein Sekret, das vom Weibchen abgegeben wird. Bei vielen Arten trägt das Muttertier die Eier unter dem Hinterleib umher.

Noch faszinierender aber ist, dass manche Arten ein ausgeprägtes Leben in Gemeinschaft führen. Besonders auf eine Art trifft das zu, die in den USA, Mexiko sowie Mittel- und Südamerika verbreitet ist. Wissenschaftler nennen sie *Paratemnoides nidificator*. „Nidificator“ bedeutet Nestbauer, und das deutet schon auf ein wesentliches Verhalten dieser Tierchen hin: Sie leben unter Baumrinde in Gemeinschaftsnestern. Darin können über 200 erwachsene und junge Artgenossen zusammen hausen. Junge spinnen gemeinsam Kammern, in denen sie sich häuten.

Wenn Jungtiere dieser Art die Brutkammer verlassen, in der sie geschlüpft sind, erlauben erwachsene Männchen und Weibchen ihnen, an ihrer Beute zu fressen. Oder das Muttertier und andere erwachsene Exemplare füttern die Jungen, indem sie ihnen gefangene Insekten bringen. Man könnte also sagen, dass sich hier die erwachsenen Tiere gemeinsam an der Aufzucht beteiligen.

Bei dieser und einigen anderen Arten jagen die Artgenossen auch zusammen. So können sie Beute erlegen, die bis zu 30 Mal größer ist, als einer der Pseudoskorpione sie alleine fangen könnte. Zuerst fressen dann diejenigen Pseudoskorpione, die die Beute gefangen und erlegt haben. Erst danach dürfen sich auch solche Gruppenmitglieder sättigen, die sich nicht an der Jagd beteiligt haben.

Den Bücherskorpion kannst Du mit etwas Glück auch bei Dir zu Hause finden

Es gibt sogar eine Art Arbeitsteilung: Männchen und Weibchen ohne Junge halten die Kolonie außen sauber und jagen. Weibchen mit Jungen spinnen Brutkammern und versorgen darin den Nachwuchs. Und die Jungtiere spinnen die Häutungskammern und sorgen für die Sauberkeit im Inneren der Kolonie.

Ist ein Muttertier mit Jungen irgendwo alleine, also nicht in einer Kolonie, und kann es keine Beute machen, geschieht manchmal etwas Bemerkenswertes: Durch spezielle Verhaltensweisen fordert die Mutter ihre Jungen dazu auf, sie zu fressen. Das Muttertier opfert sich also für ihre Jungen und lässt sich von ihnen verzehren. Das erscheint Dir vielleicht merkwürdig oder sogar grausam. Aber auf diese Weise sorgt das Muttertier dafür, dass seine Jungen überleben.

Hier wurde das Nest eines Weibchens geöffnet, um einen Blick hineinwerfen zu können

Direkt vor Deiner Haustür

Eulchen Xabi und ich, wir lieben Pseudoskorpione! Diese Tierchen haben einfach etwas Putziges an sich. Und ihr Verhalten ist hochinteressant, wie Du vielleicht schon gelesen hast.
Die besten Aussichten, solche Zwerge einmal selbst zu sehen, hast Du, wenn Du vorsichtig unter die abblätternde Rinde beispielsweise von Platanen schaust. Dort sitzen recht oft Pseudoskorpione. Da sie so winzig sind, musst Du natürlich sehr genau hinschauen. Teilweise findest Du hier auch ihre winzigen, selbst gesponnenen Kammern. Sie dienen nicht nur der Eiablage, sondern darin häuten sich die Tiere auch oder überdauern schlechtes Wetter.

Wie alle Spinnentiere besitzen auch Pseudoskorpione hochempfindliche Sinneshaare

Großes Quiz zu Skorpion & Co

Du weißt jetzt sehr viel über Skorpione und andere Spinnentiere, ja, Du bist ein richtiger Experte auf diesem Gebiet geworden! Wenn Du Lust hast, kannst Du einmal ausprobieren, was Du Dir alles gemerkt hast.

Kreuze bei jeder Frage eine Antwort mit dem Bleistift an und schau am Schluss auf Seite 64 nach, ob Du richtig getippt hast. Und nun viel Spaß!

1. Wie nennt man die Mundwerkzeuge der Spinnentiere?

a) Kieferklauen oder Chelizeren .... ❍
b) Mandibeln oder Antennen .... ❍
c) Radula oder Zähnchen .... ❍

2. Wie lange gibt es schon Spinnentiere?

a) Seit 100 000 Jahren .... ❍
b) Seit einer Million Jahren .... ❍
c) Seit über 435 Millionen Jahren .... ❍

3. Wo leben Skorpione nicht?

a) Im Wasser .... ❍
b) Im Boden .... ❍
c) Auf Bäumen .... ❍

4. Wie heißt ein Sinnesorgan, das auf der Unterseite von Skorpionen zu finden ist?

a) Bürstenorgan .... ❍
b) Kammorgan .... ❍
c) Scherenorgan .... ❍

5. Womit können Skorpione außer den Augen noch Licht wahrnehmen?

a) Mit ihren Scheren .... ❍
b) Mit ihren Beinen .... ❍
c) Mit dem Ende ihres „Schwanzes“....... ❍

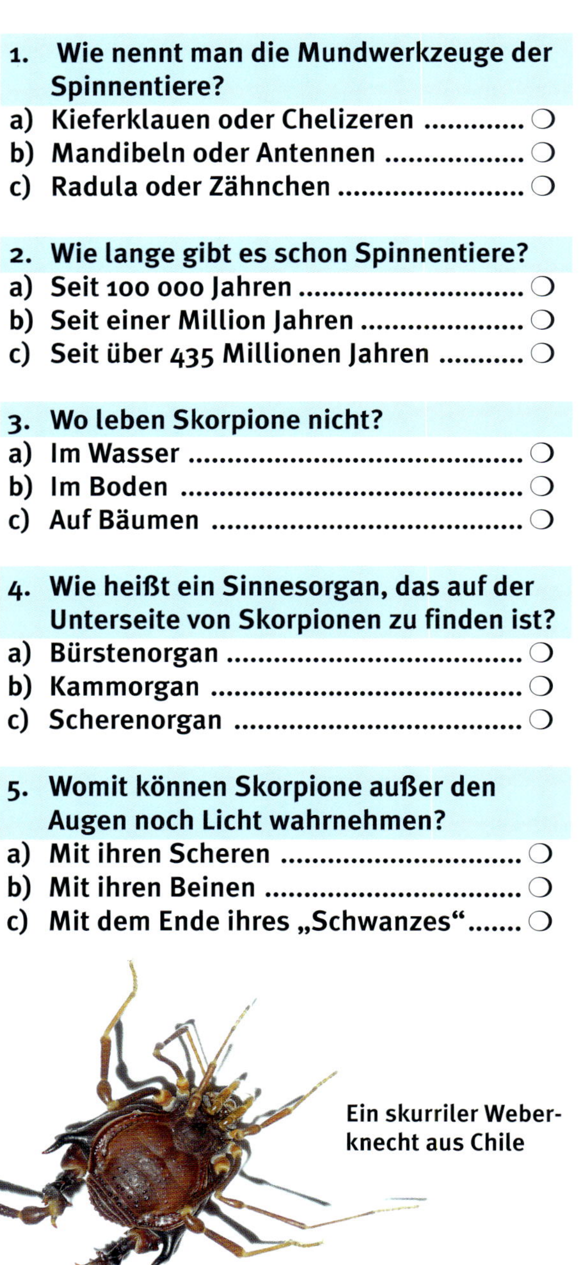

Ein skurriler Weberknecht aus Chile

6. Wie nennt man das bläuliche oder grünliche Leuchten, das bei Skorpionen durch ultraviolettes UV-Licht angeregt wird?

a) Virulenz .... ❍
b) Erkelenz .... ❍
c) Fluoreszenz .... ❍

7. Wie viele der etwa 2 500 bekannten Skorpionarten können dem Menschen durch ihren Stich lebensgefährlich werden?

a) Weniger als 30 .... ❍
b) Etwa 500 .... ❍
c) Alle Skorpione besitzen ein für Menschen lebensgefährliches Gift .... ❍

8. Mit einer Ausnahme sind alle Skorpionarten mit breiten, dicken Scheren ...

a) ... nicht hochgiftig .... ❍
b) ... besonders giftig .... ❍
c) ... gar nicht giftig .... ❍

9. Einige Skorpione können ihr Gift ...

a) ... einem Feind ins offene Maul tropfen lassen .... ❍
b) ... einem Feind entgegensprühen .... ❍
c) ... einem Feind gezielt in die Füße spritzen, damit er nicht mehr laufen kann .. ❍

10. Was passiert manchmal beim Paarungstanz der Skorpione?

a) Das Männchen sticht das Weibchen ... ❍
b) Das Männchen zwickt das Weibchen mit den Scheren in die Wangen .... ❍
c) Das Männchen frisst das Weibchen auf.. ❍

Sind Geißelspinnen nicht bizarre Geschöpfe?

11. Wo halten sich frisch geborene Skorpione und Jungtiere mancher anderen Spinnentiere bis zur ersten Häutung auf?

a) Auf den Beinen der Mutter .... ❍
b) Auf dem Rücken der Mutter .... ❍
c) Am Bauch der Mutter .... ❍

12. Was passiert bei Skorpionen in der Regel mit Jungen, die von der Mutter gepurzelt sind?

a) Die Mutter erkennt sie am Geruch nicht mehr als eigene Junge .... ❍
b) Die Mutter sucht sie und setzt sie mit den Scheren wieder hoch .... ❍
c) Die Mutter schickt sie zu ihrem Vater ... ❍

13. Frisch geborene Skorpione sind ...

a) ... weiß .... ❍
b) ... leuchtend blau .... ❍
c) ... braun oder grau, um gut getarnt zu sein .... ❍

14. Zu welchem Zweck werden einige räuberische Milbenarten vom Menschen gezüchtet?

a) In manchen Ländern werden sie gegessen .... ❍
b) Als Futter für Haustiere .... ❍
c) Als Schädlingsbekämpfer .... ❍

15. Warum werden Geißelskorpione manchmal auch als Essigskorpione bezeichnet?

a) Weil sie sich immer fragen, „ess ich oder ess ich nicht?“.................................... ❍
b) Weil sie ihre Beute mithilfe von Essig aus ihren Kieferklauen verdauen .... ❍
c) Weil sie zur Abwehr eine Flüssigkeit versprühen, die nach Essig riecht .... ❍

16. Woran kannst Du einen Weberknecht von einer Spinne unterscheiden?

a) Wie es sein Name schon sagt, webt er besonders dichte Netze .... ❍
b) Weberknechte besitzen einen besonders dünnen Hinterleib .... ❍
c) Vorderkörper und Hinterleib sind bei ihnen nicht getrennt, sondern verschmolzen .... ❍

17. Eine Gruppe der Spinnentiere heißt ...

a) ... Kapuzenspinnen .... ❍
b) ... Hutspinnen .... ❍
c) ... Mützenspinnen .... ❍

18. Walzenspinnen ...

a) ... sind extrem langsame und träge Spinnentiere .... ❍
b) ... können halb so schnell rennen wie ein menschlicher Sprinter .... ❍
c) ... sind fast so schnell wie ein Pferd ... ❍

19. Welche mit Scheren ausgestatte Spinnentiere leben auch in Deutschland, Österreich und der Schweiz?

a) Pseudoskorpione .... ❍
b) Geißelspinnen .... ❍
c) Geißelskorpione .... ❍

20. Wie gelangen Pseudoskorpione rasch an andere Orte?

a) Sie sind extrem schnell und rennen wie der Blitz .... ❍
b) Sie krabbeln heimlich auf Autos und Züge und lassen sich davon mitnehmen ..... ❍
c) Sie halten sich an größeren Tieren fest .. ❍

Lösungen zum Skorpionquiz:

1) a: Die Mundwerkzeuge der Spinnentiere heißen Kieferklauen oder Chelizeren.

2) c: Spinnentiere haben sich vor über 435 Millionen Jahren entwickelt.

3) a: Im Wasser leben Skorpione nicht.

4) b: Das einzigartige Sinnesorgan auf der Unterseite von Skorpionen heißt Kammorgan.

5) c: Skorpione können auch mit dem Ende ihres dünn ausgezogenen Hinterleibsendes Licht wahrnehmen.

6) c: UV-Licht bringt Skorpione zum Fluoreszieren, das Phänomen heißt also Fluoreszenz.

7) a: Lediglich weniger als 30 Skorpionarten können dem Menschen durch ihren Stich lebensgefährlich werden.

8) a: Mit einer einzigen Ausnahme sind Skorpione mit breiten, dicken Scheren nicht lebensgefährlich giftig. Die Ausnahme ist *Hemiscorpius lepturus* aus dem Iran, Irak, Pakistan und Jemen.

9) b: Einige Skorpione können ihr Gift einem Feind entgegensprühen. Es brennt sehr stark in den Augen und in Schleimhäuten.

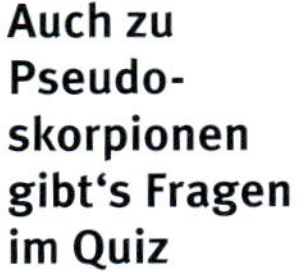

Auch zu Pseudoskorpionen gibt's Fragen im Quiz

10) a: Manche Skorpionmännchen stechen das Weibchen beim Paarungstanz. Das schadet der Partnerin aber nicht.

11) b: Frisch geborene oder geschlüpfte Jungtiere mancher Spinnentiere halten sich bis zur ersten Häutung auf dem Rücken des Muttertiers auf.

12) b: Vom Rücken gefallene Skorpionjunge setzt die Mutter oft mit den Scheren wieder auf ihren Körper.

13) a: Frisch geborene Skorpione sind weiß.

14) c: Einige räuberische Milbenarten werden gezüchtet, weil sie im Garten und in der Landwirtschaft Schädlinge fressen.

15) c: Die Flüssigkeit, die Geißelskorpione zur Abwehr versprühen, riecht nach Essig.

16) c: Bei Weberknechten sind Vorder- und Hinterleib miteinander verschmolzen.

17) a: Die Kapuzenspinnen sind eine der Ordnungen der Spinnentiere.

18) b: Walzenspinnen sind flink und können halb so schnell rennen wie ein Sprinter.

19) a: Pseudoskorpione gibt es auch in Deutschland, Österreich und der Schweiz.

20) c: Pseudoskorpione halten sich oft an Fliegen, Vögeln oder anderen Tieren fest und lassen sich von ihnen mitnehmen.

Eulchen Xabi und ich hoffen, Du hattest Spaß in der Welt von Skorpionen & Co!

Entdecke die Reihe mit der Eule!

Entdecke die Eulen

Entdecke die Greifvögel

Entdecke die Geier

Entdecke die Rabenvögel

Entdecke die Spechte

Entdecke die Finken

Entdecke die Spatzen

Entdecke die Eisvögel

Entdecke die Zugvögel

Entdecke die Singvögel

Entdecke die Meisen

Entdecke die Kraniche

Entdecke die Störche

Entdecke Schwäne, Gänse & Enten

Entdecke die Möwen

Entdecke die Pinguine

Entdecke die Papageien

Entdecke die Kolibris

Entdecke die Fledermäuse

Entdecke die Hunde

Entdecke die Kühe

Entdecke die Pferde

Entdecke die Esel

Entdecke die Nagetiere

Entdecke die Igel

Entdecke die Maulwürfe

Entdecke die Waschbären

Entdecke die Biber

Entdecke die Otter

Entdecke heimische Wildtiere

Entdecke die Wölfe

Entdecke die Bären

Entdecke die Tiger

Entdecke die Menschenaffen

Entdecke Affen und Lemuren

Entdecke die Pandas

Entdecke die Elefanten

Entdecke die Nashörner

Entdecke die Erdmännchen

Entdecke die Beuteltiere

Natur und Tier - Verlag GmbH
An der Kleimannbrücke 39/41 · 48157 Münster
Telefon: 0251 - 13339-0 · Fax: 0251 - 13339-33
E-Mail: verlag@ms-verlag.de · www.ms-verlag.de